KB104448

아베에서 스가까지

조작되는
혐한
여론

아베에서 스가까지

조작되는
혐한
여론

무라야마 도시오 지음
서승철 옮김

생각비행

2019년 10월 27일 간사이국제공항 구내서점에서 있었던 일이 뇌리에서 떠나지 않는다. 그날 나는 일본 출장 일정을 마치고 귀국편을 기다리며 구내서점에 들렀다. 출장 때마다 꼭 서점에 들러 신간을 둘러보고 필요한 최소한의 책을 사 오곤 하는데, 그때는 서점에 갈 여유가 없어서 공항 구내서점을 둘러보는 것으로 만족해야 했다.

그런데 아니나 다를까, 여기도 잡지 매대를 보니 혐한으로 도배한 책들이 즐비했다. 진절머리가 나지만 이미 익숙한 풍경이기도 해서 그런가 보다 지나치려 했다. 그런데 매대에 널려 있는 잡지 표지 가운데 '악당 문재인'이라는 제목이 보였다. 순간 내 시력을 의심했다. 책을 들어 다시 확인해봤지만,

허탈하게도 시력에는 문제가 없었다. 아, 정말 갈 데까지 갔구나 하는 생각이 들었다. 그 옆에는 '문재인 총붕괴', 그 옆에는 '트집잡이 국가, 한국', 그 옆에는 '문재인, 너야말로 오염수가 아니냐'… 여기까지 가니 '일한 상극'이라는 제목은 차라리 점잖은 편이었다. 일본 제2의 도시 오사카와 천년 관광도시 교토의 관문 간사이국제공항에서 일본의 혐한류는 사상 표현과 언론·출판의 자유를 구가하고 있었다.

2005년《만화 혐한류》가 출간된 지 15년이 지났다. 역설적이게도 혐한류는 2002년 한일 월드컵을 계기로 일기 시작한 한류가 그 기원이다. 혐한은 이를 비판적으로 바라보던 소수 일본인의 문화 현상으로 시작되었다. 그러나 2012년을 전후해 정치적 현상이 되어 일본 사회를 뒤덮었다. 서점마다 혐한 도서 코너가 마련되고 그 규모가 사그라들 줄 모른다. 적어도 내가 마지막으로 일본 출장을 다녀온 2020년 2월 초까지 도쿄 시내 대형 서점에서는 여전히 혐한 도서들이 한편을 장식하고 있었다.

일본의 '아마추어 연구자'들이 더 이상 혐한할 거리를 찾지 못해서일까? 일본인들이 일본인이 쓴 혐한 서적에 식상해진 것일까? 작년부터는 번듯한(?) 한국인 '연구자'들이 혐한을 주

도하고 있다. 일본어로 번역된 《반일종족주의와의 투쟁》이
그것이다.

이제 혐한의 책임을 일본인에게만 돌릴 수도 없게 되었다.
한국에서는 이에 대한 비판서도 나왔지만, 설령 번역되더라
도 일본의 일반 독자들이 이해하기에 쉽지 않은 책들이다. 난
감한 상황이다. 그러나 이를 실증하지 않는 동안 제조된 거짓
이 사실로 군림하고 있다. 그 위에 혐한이 기생하며 바이러스
처럼 번지고 있다.

이런 가운데 출간된 무라야마 도시오 씨의 《아베에서 스가
까지 조작되는 혐한 여론》은 유효한 카운터펀치다. 이 작업은
참으로 귀찮은 일이다. 혐한 여론이 교묘한 과정을 거쳐 왜곡
된 사실에 기초하고 있다는 점은 심증이 간다. 그러나 이를
실증하는 작업은 비록 어려운 일은 아니지만 귀찮은 일이다.
거짓을 실증하는 일은 사실을 실증하는 작업의 두 배, 세 배의
품이 든다.

사실 오인을 지적하는 방법('남북 화해 분위기에 찬물을 끼얹
다'), 기억에서 엷어진 역사적 사실을 드러내어 모순을 드러내
는 방법('다시 등장한 욱일기 문제') 등은 비교적 쉬운 방법에 속
한다. 이에 더해 맥락에서 빠진 사건에 제 위치를 부여하여

총체적 현실을 재구성하는 방법('국민 통합의 야망'), 반대로 탈맥락화된 사실을 원래 맥락으로 되돌려 그 위치를 바로잡아주는 방법('평양올림픽이라는 중상모략'), 같은 기준과 스케일을 적용하면서 비교 대상을 바꿔 단순 비교의 허위를 벗겨내는 방법('평창올림픽 깎아내리기') 등 꼼꼼하고 집요한 성격이 아니면 해낼 수 없는 방법이 동원되어 있다. 쉽게 읽을 수 있기에 쉽게 쓴 것 같지만, 책을 읽다 보면 책 여기저기에 배어 있는 저자의 땀 냄새를 맡을 수 있다. 귀찮은 수고를 마다하지 않은 무라야마 도시오 씨의 노고에 감사드린다.

1990년대에 일본에서 유학 생활을 하면서 전후 일본이 침략 전쟁과 식민 지배의 과오를 극복하기 위해 쌓아온 지적 분투를 확인한 바 있다. 그러나 최근 몇 년 동안은 일본 출장 때마다 서점의 혐한 코너에서 그에 대한 신뢰가 무너져내림을 느꼈다. 무라야마 씨의 책을 읽고, 전후 일본의 시민사회에 조금 더 신뢰를 가져보기로 한다.

2020년 11월

남기정(서울대학교 일본연구소 교수)

2019년 7월 20일 토요일. 옛 일본대사관 건물 맞은편에 자리한 '평화의 소녀상' 앞에서 집회가 열렸다. 일본군 '위안부' 피해자의 명예와 존엄을 지키기 위한 수요 집회가 어느덧 1396회를 넘긴 지 사흘째 되던 이날, 그곳에 모인 1000여 명은 평소와 다른 피켓을 들고 있었다.

"경제 보복 아베 규탄"
"NO 아베!"

7월 4일 시작된 반도체 관련 세 품목의 수출 규제 조치에 더해 8월 28일부터 안전보장상 우려가 있다고 판단되면 개별

아베 규탄 촛불문화제(2019년 7월 20일)

심사를 받아야 하는 '무역우대국 제외' 조치를 일본 정부가 결정했기 때문이다.

2018년 평창올림픽 이후 한국과 일본 사이에서는 여러 문제가 터져 나왔다. 그때마다 점점 깊어지는 양국 국민의 불신과 혐오에 관한 기사가 보도되었다. 그런데 이 불신과 혐오는 과연 자연스럽게 발생한 것일까? 혹시 언론이나 사회적으로 영향력 있는 특정 세력이 의도적으로 양국 간 대립을 조장하고 증폭한 것은 아닐까?

이날 집회에서 발언한 이들은 일본 정부의 태도를 강하게 비판했지만, 일본인 전체를 부정하는 '헤이트 스피치'(혐오 발언)는 없었다. 오히려 집회장 한편에는 "교토 애니메이션 화재, 명복을 빕니다"라는 피켓을 든 시민단체도 있었다. 일본 정부에는 분노하지만, 일본인이 가꿔온 문화를 존중하고 비인간적 범죄를 증오하는 시민들의 표정에서 양국 국민은 결코 단절을 원하지 않는다는 메시지를 읽을 수 있었다.

하지만 일본 언론은 이런 속 깊은 내용은 생략한 채 욱일기를 찢는 퍼포먼스만 보도했다. 또 광화문으로 장소를 옮겨 이어진 집회에서 한 일본인 청년이 프리허그를 결행했다는 기사가 실리기도 했다. 일본인이 먼저 손을 내밀었고 한국인이 그 마음을 받아들여 눈물을 흘리며 응했다는 내용이었다. 이런 식의 언론 보도는 다양한 사실 가운데 입맛에 맞는 내용만 잘라내어 프레임을 조작한다. 이는 언론의 자발적 선택처럼 보이지만, 사실 어떤 힘이 관여했음을 놓쳐서는 안 된다.

일본 정부에 비판적인 견해라도 실릴라치면 당장 원색적 비난이 쏟아지고, 한편에서는 한국과 중국을 매도하는 폭력적 표현이 난무한다. 이 책에 소개된 사례는 그 일부에 지나지 않는다. 집요하게 되풀이되는 '한국 때리기' 보도의 뿌리에는 일본인의 역사관과 관련한 문제가 있다. 언론은 이런 사실을 외면하지 말고 끊임없이 검증하려는 자세를 견지해야 한다. 일본 정부가 '보상은 완전히 끝났다'며, 피해를 호소하는 사람들과 한국 정부를 매도해도 '진정으로 해결된 것일까?' 하는 물음표를 던지는 것이 언론 본연의 역할이다.

한편으로는 언론만 탓할 수도 없다. 자신과 관련된 과거를 되새겨보는 일은 각 개인에게도 필요한 작업이다. 즉 언론이 편협한 정보를 제공할 수도 있다는 사실을 인식하는 신중함이 필요하다.

2019년 갑작스레 사망한 배우 기우치 미도리*는 원래 정치적, 사회적 발언과는 거리가 멀었다. 그런데 2011년 동일본

대지진과 후쿠시마 원전 사고 이후로 조금씩 변했다. 변화의 계기는 전 교토대학교 원자력실험소 고이데 히로아키의 "속은 당신에게도 책임이 있다"라는 말이었다. 기우치는 "속으며 살아온 나는 왜 속았을까? 주요 일간지, TV, 라디오도 진실이 아닌 것을 보도할 때가 있다"라고 말했다('웹라디오 〈작은 라디오〉 개국에 붙여').

그녀는 2015년 9월 17일 오후 참의원 특별위원회에서 안보법제安保法制●●를 강행 처리할 때 국회 앞에서 "이런 법안은 절대 통과되어선 안 된다"라고 절규할 만큼 강한 신념을 드러냈다. 그 모습이 거센 탁류에도 휩쓸리지 않겠다며 버티는 고목처럼 늠름했다. 탁류는 지금도 악취를 내뿜으며 곳곳을 휩쓸고 있다. 우리는 탁류 속을 더듬어 진실을 찾아내야 한다. 탁류에 휩쓸리지 않도록 조심하면서!

●   1950년 나고야에서 태어난 여배우로, 100편이 넘는 TV 드라마를 비롯해 영화, 연극, 라디오 등에서 활약했다. 아버지의 의료 사고, 후쿠시마 원전 사고 등을 계기로 사회 운동에 참여했으며, 2019년 11월 세상을 떠났다.
●●   일본이 자국 및 국제 사회의 안보에 기여하기 위해 자위대법 등을 일부 개정하는 법안으로, 아베 신조 내각이 일본국헌법에 의해 제한된 군사 활동의 범위를 넓히기 위해 추진했다. 이 법안이 통과됨으로써 일본은 전쟁할 수 있는 국가에 한 발 더 다가서게 되었다.

나는 2018년부터 2019년에 걸쳐 일본을 할퀴고 간 '험한 태풍'의 흔적을 찾고자 했다. 국교 정상화 이후 최악의 한일 관계라고 일컬어지는 현 상황은 언론 조작이 낳은 작은 돌개바람이 거대한 폭풍으로 증폭된 것이다. 모리토모학원,* 가케학원**에서부터 벚꽃을 보는 모임***에 이르기까지 정권 말기 증상을 보인 아베 정권은 국민의 분노를 엉뚱한 방향으로 돌려 위기를 모면했다.

하지만 이런 상황은 단순히 한일 관계 문제에 그치지 않는 위기를 내포한다. 철학자 우치다 다쓰루는 아베 정권이 "국론을 분열시키고 의도적으로 국민을 갈라놓음으로써 정권을 유

---

* 아베 총리의 부인이 명예교장으로 있던 학교법인 모리토모학원이 로비를 통해 국유지를 헐값에 매입했다고 추정되는 사건으로, 관련자는 모두 불기소 처분되었다.

** 학교법인 가케학원의 오카야마 이과대학 수의대 신설 계획을 놓고 내각부가 문부과학성을 압박했다고 추정되는 사건으로, 가케학원 이사장 가케 고타로와 아베 총리의 친분이 두터워 인허가에 영향을 미쳤다는 의혹을 샀다.

*** 아베 총리가 주최하는 공적 행사인 이 모임을 두고 초대객 수 및 지출액 증가, 관련 서류의 고의적 폐기 등의 문제가 지적되었다. 특히 아베 총리 후원회 관계자가 850명이나 초대되어 공적 행사를 총리가 사유화한 것 아니냐는 의혹이 제기되었다.

지하고 있다"며 "유권자의 30%인 핵심 지지층만 확보하면 나머지 70%가 반대하는 정책을 펼쳐도 정권 유지가 가능하다는 사실을 알았다"라고 분석했다('벚꽃을 보는 모임 고찰', 《마이니치신문》, 2020년 1월 7일).

한국의 입장을 이해하거나 일본 정부를 비판하는 자는 '반일'이라며 배척하고, 혐한 지지 세력만을 끌어안는다. 이것이 국민을 분열시키고 정권을 유지하는 전략의 일환이자 정권이 지향하는 국가 통합의 방법이라면 우리는 마음을 다잡고 준비해야 한다. 그 길의 끝에는 더 많은 국민이 바라지 않는 '전시체제'가 기다리고 있을 것이기 때문이다.

이 책은 2018년 평창올림픽부터 2020년에 이르는 2년 동안 일본 내에 횡행했던 혐한 여론의 실태를 비판적으로 정리한 기록이다. 솔직히 말하면 이런 사실을 한국 독자에게 공개하는 데 고민도 있었다.

신문, TV, 인터넷 등의 매체를 통해 유포된 기괴한 주장들은 대부분이 언론의 책임이라 할 수 있다. 자극적인 내용으로 대중을 현혹하고, 사회에 대한 불만을 잠시나마 해소해주는 효과를 냄으로써 각 매체의 소비를 촉진하는 상업주의적 측면도 있었을 것이다. 한편으로는 국민의 불만을 외부의 '적'에게 돌리려는 정치 권력의 의도가 반영되었다고도 볼 수 있다.

하지만 가장 큰 문제는 국민 스스로가 이런 선동을 망설임 없이 받아들이는 현실에 있다. 현재와 이어진 과거의 역사를 진지하게 마주하려 하지 않는 태도는 "역사를 잊은 민족에게 미래는 없다"라는 말을 상기시킨다. 또한 이런 태도는 낡을 대로 낡은 국경이라는 지난 세기의 유물을 걷어내고 서로 연결하려는 인류의 미래에서 관심을 거두는 것과 같다.

이 책의 원고를 일본의 출판사에 넘긴 3월 무렵 신종 코로나바이러스의 위협이 일본에서도 현실화되었다. 하지만 그때만 하더라도 바이러스가 전 세계로 퍼져 각국 사회를 마비시키고 커다란 타격을 줄 거라고는 상상도 못 했다. 더욱이 그 때문에 도쿄올림픽이 연기되리라고는 아무도 예상치 못했다. 애초에 올림픽 개최 자체를 반대하는 사람은 있었어도 말이다.

그 이후의 과정은 아는 바와 같다. 바이러스 감염이 급속도로 번졌고, 그에 대응하는 일본 정부의 대책이 국민을 실망으로 이끈 것은 전 세계가 아는 사실이다. 현 정권의 실정은 코로나 대책뿐만이 아니다. 정권과 가까운 인사를 검찰총장에 앉히기 위해서라고밖에 생각되지 않는 검찰인사법 개정을 도모했고, 총리의 측근 각료가 매수 혐의로 체포되었다. 이런 일들로 지지율은 30%대까지 떨어졌다.

하지만 일본의 정치 상황은 전혀 변화의 조짐이 보이지 않는다. 역대 최장 총리 재임 기록 달성만을 유일한 성과로 남긴 채 발을 뺀 아베 총리를 두고 일본에서는 동정 여론이 일고 있다. 9월 초 실시한 《아사히신문》 여론조사에서 71%가 아베 총리의 '공적을 평가한다'고 답한 사실은 충격적이다. 그가 사임을 발표한 기자회견에서 '아쉬운 점'이라고 언급한 것은 '납치 문제 해결', '북방 영토 반환', '헌법 개정' 등 세 가지였다. 모두 지지율을 올리기 위한 것과 '전쟁이 가능한 국가로의 회귀'를 바라는 개인적 야망뿐이었다. '위안부' 문제, 징용공 피해 보상과 관련한 한국 대법원 판결 등을 둘러싸고 극단적으로 악화한 한일 관계, 코로나 대책 실패로 어려움에 처한 국민 생활 등은 관심 밖이었다. 그럼에도 국민의 지지가 이어지는 것은 왜일까? 여기에도 언론의 힘이 컸던 것은 아닐까?

언론은 정권의 위신이 상하지 않도록 신속하게 총리라는 간판을 바꿔 걸어 자민당이 정권을 연명하는 데 협조했다. 7월 한 사진 주간지에 '총리 토혈?'이라는 보도가 나간 뒤 "피로가 쌓여 휴양이 필요하다"(총리 측근), "147일이나 쉬지 않고 일하면 보통은 병이 난다"(아소 다로 부총리) 따위의 발언을 인용한 보도가 이어졌다. 입원 검사를 두 번이나 받은 사실을 보도한 8월 중순 이후로 28일의 사임 표명에 '도리가 없다'고 인정하게 만드는 분위기를 교묘하게 조성해 나갔다. 험한 여론 만들기를 통해 체득한 여론 조작의 노하우를 정권 유지를 위해서도 훌륭하게 써먹을 수 있다는 사실을 새삼 증명한 셈이다.

매년 국경 없는 기자회가 발표하는 언론 자유도 순위에서 2020년 일본은 세계 180개국 중 66위에 머물렀다. 미국(45위)이나 한국(42위)에 비해 일본은 언론 자유도에 분명히 큰 문제가 있다. 그렇지만 쉽게 절망해서는 안 된다. 책을 안 읽는 시대라도 책을 통해 주장을 전달하는 일은 예부터 내려온 제도적 언론의 틀을 이용하는 방법이다. 더욱이 증오의 매개체라는 부정적 측면이 강조되기 쉬운 SNS도 검찰인사법 개정을 철회시키는 데 한몫한 것처럼 혁명의 무기가 될 가능성이 있다.

마지막으로 하고 싶은 말이 있다. 일본에도 '위안부' 피해자의 존엄과 명예를 회복하는 운동에 처음부터 행동을 같이한 시민단체가 있다. 강제 연행 현장이 된 광산, 철도, 군수 공장 등지에 사는 주민이 자발적으로 역사적 사실을 발굴하고 기록하는 등 전국 네트워크를 형성하고 있다. 그리고 험한 여론을 따를 것을 강요하는 '동조 압력'이 아무리 조여와도 한일 화해를 진심으로 바라며 행동하는 사람들이 분명히 존재한다는 사실을 알아주었으면 한다. 이 책 또한 그런 일에 조금이나마 힘을 보탤 수 있기를 바란다.

2020년 11월

무라야마 도시오

| 차례 |

국민 통합의
야망

전 세계가 바이러스의 공격을 받았다. 중국에서 발생했다고 추정되는 신종 코로나바이러스는 188개국으로 퍼졌다(《AFP 통신》, 2020년 4월 3일). 세계보건기구WHO는 3월 11일, 2009년 이후 11년 만에 팬데믹(세계적 유행)을 선언했다.

일본에서는 1월 16일 처음으로 감염자가 확인되었다. 특히 동남아시아를 순회하고 돌아온 크루즈선 다이아몬드 프린세스호에서 감염자가 발생한 이후로 일본 내 대유행에 대한 우려가 순식간에 확산되었다. 2월 18일 치료를 위해 승선한 이와타 겐타로 교수(감염내과)가 크루즈선 내부 상황을 유튜브에 올리며 정부의 대응을 비난한 일이 화제가 되었다. 동영상에서 이와타 교수는 "지금까지 20년 넘게 감염병 관련 일을 해왔지만, 이번처럼 나 자신이 감염될 수 있다는 공포를 느낀 적은 없었다"라며 배 안의 위험한 상황을 폭로했다.

4000명 가까운 승객과 승무원을 태운 배는 2월 5일부터 21일까지 요코하마항에 머물며 육지로부터 엄중하게 격리되었다. 결국 13명의 사망자를 내고, 하선 시 음성 판정을 받은 사람이 나중에 양성으로 바뀌어 격리되는 등 감염 공포를 더욱 증폭시켰다.

일련의 사태를 거치며 일본 정부의 미흡한 대처를 비판하는 목소리가 높아졌다. 후생노동성 장관과 도쿄도지사를 지낸 마스조에 요이치는 "2월 25일에야 비로소 감염 확대 방지를 위한 기본 방침을 정했지만 너무 늦었다. 전문가 회의를 마련하는 것도 늦었다. 아베 정권은 한두 달 동안 대체 뭘 했나?"라며 강하게 질타했다(《아사히신문》, 2020년 2월 28일). 아베 총리 응원단으로 유명한 작가 햐쿠타 나오키조차 트위터에서 "아베 총리는 지금까지 좋은 일도 많이 했다. 하지만 코로나 바이러스 대응에서 앞선 공적을 모조리 날려 먹었다. 만약 내가 상상하는 최악의 사태로 발전하면, 훗날 하토야마 유키오, 간 나오키 이상의 무능한 총리로 낙인찍힐지도 모르겠다"라며 반역의 날을 세워 보수 진영을 당황케 했다.

커져가는 비난의 목소리를 의식해서인지 2월 말 아베 총리는 '적극적이고도 과감한 조치'를 '주저 없이 단행한다'며 새로운 대책을 발 빠르게 내놓기 시작했다. 26일에는 사람이 많이 모이는 이벤트의 자제를 요청했고, 27일에는 전국 초·중·고등학교에 휴교를 요청했다. 하지만 이 대책에는 맞벌이 가정 자녀 돌봄 방침이 없어 휴교 장기화 시 바이러스 대처 외에 부수적 조치가 필요했다. 이런 상황에서 아베 총리는 28일 하쿠타 나오키를 관저로 불러 함께 식사했다. 둘 사이에 무슨 대화가 오갔는지에 대해서는 "개인적인 이야기라서 공개하기 어렵지만 좋은 대화였다"(29일 자 트위터)라고만 했다.

3월 5일에는 '선제적 유입 방지 대책'이라는 이름으로 중국과 한국으로부터의 입국 제한 강화, 비자 효력 정지 등의 조치를 발표했다. 전문가 회의 같은 신중한 논의도 없이 과학적 근거도 제시하지 않은 채 발표한 조치라는 비난이 있었지만, 중국이나 한국에 단호한 태도를 보였다며 쾌재를 외치는 이들도 있었다. 이와 관련해 한국 정부는 "사전에 아무런 협의도 없이 일방적으로 선언했다"며 불만을 나타냈고, 3월 9일부터 상응하는 조치를 취하겠다고 일본에 전달했다.

같은 날 기자회견에서 스가 요시히데 관방장관은 "이번 조치는 한일 관계에 영향을 주려는 의도가 전혀 없다"고 했지만, 같은 날 참의원 예산위원회에서 야당의 질문에 아베 총리는 '정치적 판단'을 내렸다고 말했다. 예산위원회에서 입헌민주당 렌호 참의원 간사장은 한·중 입국 제한에 과학적 근거가 있는지 추궁했는데, 아베 총리는 "외무성과 상의했다"면서도 "최종적으로 정치적 판단"이라고 말함으로써 스스로의 정치적 판단이었음을 분명히 했다(《마이니치신문》, 2020년 3월 9일).

해당 조치는 시진핑 주석의 일본 방문 연기 발표 세 시간 후에 결정되었다. 그때까지만 해도 입국 제한 조치가 공식 방문에 미칠 악영향을 우려해 결정을 내리지 못했을 것으로 보인다. 하지만 한국과 관련해서는 한국 정부가 대항 조치를 취하리라고 충분히 예상했을 것이다. 아베 정권이 코로나바이러스에 대한 미숙한 대처로 비난받는 상황에서 국민의 눈을 딴데로 돌릴 돌파구를 한국과의 정치적 마찰에서 찾은 것은 아닐까? 이는 과거에도 집요하게 써먹던 방법이다. 이 책에서는 시간의 경과를 따라가며 한국 때리기의 다양한 양상을 밝히는데, 항상 그 뒤에 일본 정부의 정치적 판단이 있었음을 알게 될 것이다.

3월 13일 참의원 본회의에서 '신 코로나바이러스 등 대책 특별 조치법 개정안'이 다수의 찬성으로 가결되었다. 이 개정안은 2012년 신 인플루엔자 대책 당시 노다 내각이 제정한 '신 인플루엔자 등 대책 특별 조치법'에 내각총리대신이 긴급사태를 선언할 수 있다는 부칙을 추가한 것이 주요 골자였다.

여기서 주목할 점은 긴급사태 선언으로 무엇을 규제하는가다. 먼저 긴급사태에 상응하는 물자나 생산 시설 등을 정부가 통제할 수 있다. 또 외출이나 다수가 모이는 시설의 사용을 이어온 반정부 집회 등을 막을 법적 근거가 마련되었다. 더욱이 총리가 지시를 내릴 수 있는 '지정 공공단체'에 국영 방송인 NHK가 포함되어 방송 내용 지시나 간섭에 대한 우려도 제기되었다. 실제로 2020년 3월 4일 TV아사히 〈하토리 신이치 모닝쇼〉 출연자의 마스크 배포 관련 발언을 후생노동성이 트위터에서 즉각 반론한 것은 지금껏 보지 못한 언론 압박의 한 사례였다. 언론에 대한 이 같은 반론은 TBS의 〈N스타〉나 미국의 CNN에도 제기되었음이 밝혀졌다.

코로나바이러스 감염 확산을 이유로 집회를 금지하기는 한국도 마찬가지였는데, 이미 2월 21일부터 광화문 광장과 서울시청 앞 광장 등지에서 경찰력을 동원한 통제가 예고되었다. 이는 코로나바이러스에 취약한 중장년층을 염려한 대책으로 이해되는데, 광화문 광장 집회는 최근 반정부 발언에 목소리를 높이는 기독교 보수파와 태극기 부대라고 불리는 중장년층을 중심으로 거의 매주 열리기 때문이다. 한국에서 폭발적으로 감염이 늘어난 계기가 한국에서 세 번째로 큰 도시인 대구의 '신천지'라는 교회의 집단 예배 때문으로 밝혀져, 고령자가 많은 서울 집회의 위험성이 높다고 판단한 결과였다. 그 여파가 1992년부터 이어온 '일본군 성노예제 문제 해결을 위한 정기 수요 시위'에까지 미쳐 1428회 집회부터는 온라인 중계로 진행할 수밖에 없었다.

감염 예방이라는 이유는 설득력 있지만, 상황에 따라 정부의 정치적 이익에 반하는 시민의 권리가 제약받을 우려도 있다. 또 방송 개입 문제는 실제 사례를 생각해보면 단순히 우려라고 치부하기 어렵다. 더 중요한 문제는 이 개정안을 가결할 때 야당 의원 다수가 찬성했다는 점이다. 총리에게 큰 권한을 주는 법 개정에 야당이 동조한 사실과 '국난 극복'이라는 대의명분을 내세워 거국일치의 정치체제로 돌입한 제2차 세계대전의 상황이 오버랩된다면 과연 경솔한 소리일까?

《나치의 '속임수'와 긴급사태 조항》을 쓴 이시다 유지 교수는 다음과 같이 불안을 토로했다.

자민당은 이번 경험을 바탕으로 헌법에 긴급사태 조항을 넣으려고 할 것이다. 하지만 법령에 근거한 긴급사태와 헌법에 근거한 긴급사태는 의미가 완전히 다르다. 후자는 정부가 전쟁, 내란, 공황, 재해 등 비상사태 시 통상의 입헌적인 법질서(권력 분립과 인권 보장)를 일시 정지하고 긴급 조치를 취하는 권한을 가진다는 뜻이기 때문이다.

_《마이니치신문》, 2020년 4월 15일

아베 정권의 지상 과제는 헌법 개정이다. 이는 자민당 창당 이래의 숙원이기도 하다. 2015년 강행 처리한 안보법제에 따라 자위대의 해외 파병이 가능해졌다고는 하지만, 실제로 일본이 전쟁을 수행하는 데 필요한 체제를 구축하기까지는 많은 과정을 거쳐야 한다. 그리고 그 근간에는 '일본국헌법'에 '대일본제국헌법'의 이념을 불어넣어 되살리는 개헌이 필요하다는 점에서 현 정권은 그 사명을 짊어진 셈이다. 하지만 국민 대다수가 그것을 바라지 않는다는 현실이 그들 앞에 가로놓여 있다. 때로는 숫자로 밀어붙여 정책을 강행하고, 때로는 야당을 끌어들여 거국일치 분위기를 연출하려는 현 정권의 책동은 일종의 조바심의 발현이 아닐까?

국민 통합의 야망

제2차 세계대전을 코앞에 둔 당시 '거국일치=국민총동원 체제'의 핵심은 국민 통합 분위기의 조성이었다. 천황 중심의 황국신민으로 거듭나게 할 재생 시스템이 사회 곳곳에서 가동되었다. 현대에는 그와 같은 절대적 구심점이 존재하진 않지만, '분위기'가 유사한 역할을 한다. 주위의 많은 사람이 동조하는 일에 각 개인을 맞추도록 강요한다. 따르지 않으면 배척될 거라는 주문을 퍼붓는다. 일본은 성년이 되기 전 학교생활에서 이런 분위기를 체득하는 사회다. 하지만 분위기라는 것은 상대적이고 시시각각 변할 수 있기에 자의적으로 만들어낼 수도 있다.

가까운 예로는 2019년 천황 교체 때 조성된 '열광'을 들 수 있다. 당시 정부는 새로운 연호를 즉위식 직전까지 발표하지 않았다. 사람들의 관심을 새로운 천황과 황후에게 집중시키기 위해서였다. 또 외교관 출신 황후의 유능함을 반복해 보도함으로써 여성의 공감과 동경심을 이끌어내려고도 했다. 몇 년 전까지만 해도 '적응 장애' 운운하며 학대에 가까운 보도를 일삼던 언론이 이처럼 급변한 것은 국민 통합을 의도한 정부와 보조를 맞추기 위해서였을 것이다.

이후로도 천황 즉위와 관련한 사회 움직임, 정치 일정, 즉위식 관련 해설 등에서 모든 언론이 축하 분위기로 몰아갔다. 또 새 천황 즉위와 관련한 축사를 국회나 현 의회 등에서 의결하기도 했는데, 마치 제2차 세계대전 이전의 천황 찬가에서나 나올 법한 내용이었다. 이를 대다수 지역 의회가 가결한 것 역시 국민 통합에 힘을 싣기 위한 움직임이었다.

10월 22일 천황 즉위식에서 아베 총리가 소리 높여 만세 삼창을 외치는 장면이 전 세계에 보도되었는데, 80년 전 신의 나라 일본이 여전히 건재하다는 듯 보일 수밖에 없었다. 즉위식은 TV 등을 통해 끊임없이 중계되었고, 황실의 존재를 새삼스럽게 '중요 전통문화'로 각인시켰다.

천황을 이용해 국민 통합을 꾀하려는 사람들의 숨길 수 없는 본성은 11월 9일 국민제전 때 여실히 드러났다. 젊은 세대에게 어필하려고 아라시ᴬᴿᴬˢᴴᴵ●에게 봉축곡을 부르게 한 연출도 억지스러웠다. 게다가 프로그램이 끝나고 천황과 황후가 퇴장할 때 누군가 "천황 폐하 만세!"라고 외치자 많은 이가 호응하며 "천황 폐하 만세!"를 열여섯 번이나 연호했다. 이 광

● 　일본의 5인조 남성 아이돌 그룹. 1999년 결성 이래 58장의 싱글 앨범을 발매해 대부분 차트 1위를 달성했으며, 정규 앨범 또한 해마다 제작하며 차트 1위를 차지하는 등 수많은 히트곡을 발표했다.

경이 젊은 층에 위화감을 주어 주최 측의 노림수는 멋지게 빛나갔다.

다음으로 정부가 국민 통합의 중요한 계기로 삼으려던 것이 바로 올림픽의 성공적 개최였다. 2013년 9월 부에노스아이레스에서 열린 올림픽 유치를 위한 프레젠테이션에서 아베 총리는 각국이 가장 염려하는 후쿠시마 원전 사고에 따른 방사능 오염 문제와 관련해 **"상황은 잘 통제되고 있으며 도쿄에는 결코 피해가 없다", "오염수의 영향은 후쿠시마 제1원전의 항만 내 0.3평방킬로미터 범위 내에서 완전히 차단되고 있다"**고 자신 있게 말했다. 이런 발언이 먹혔는지 9월 8일 도쿄 개최가 결정되었고, 이날 새벽 각 방송국과 신문사가 일제히 소식을 알렸다.

하지만 아베 총리의 발언은 거짓으로 드러났다. 오염수는 이미 바다로 방류할 수밖에 없는 지경이었다. 이러한 사태는 이미 프레젠테이션 며칠 후 고이데 히로아키가 '있을 수 없는 이야기'라며 단언한 바 있다.

그런 일은 있을 수가 없다. 바다란 전 세계와 연결되어 있다. 오염은 후쿠시마 제1원자력 발전소 부지에서 흘러나가

결국에는 전 세계 바다로 퍼지고 말 것이다. 그러면 농도가 낮아질 뿐, 일정 장소에 차단되는 일은 있을 수 없다.

_《아시아프레스 네트워크》, 2013년 9월 13일

올림픽을 정치적으로 이용해 가장 큰 성공을 거둔 예는 1936년 베를린올림픽이다. 베를린올림픽은 갓 정권을 잡은 히틀러가 제1차 세계대전의 패배로부터 부흥한 독일을 전 세계에 홍보하고 아리아 인종의 우월성을 과시할 목적으로 조직한 나치의 선동이라는 혹평이 아직도 따라붙는다. 개회식에서 10만 관중이 나치식 경례로 히틀러 총통을 맞이한 일은 가장 상징적인 장면으로 꼽힌다. 이 올림픽은 한반도 출신 손기정 선수가 일본 대표로서 금메달을 딴 역사적 인연이 있는 대회이기도 하다.

1964년 도쿄올림픽 때도 제2차 세계대전 패전국이라는 불명예를 벗고 국제 사회로 복귀한다는 목표를 내세웠다. 전후 고도경제성장의 문턱을 갓 넘은 일본 국민은 아시아 최초 올림픽 개최라는 영예에 도취했고, 잃어버린 민족 자긍심을 회복한 데서 오랜만에 고양감을 맛보았다. 행복한 시절이었는지도 모른다. 하지만 21세기의 올림픽은 국위 선양의 장이라기보다 공식 스폰서와 방송국 등 거대 자본이 움직이는 이권의 장으로 변질되었다. 아마추어리즘은 어디서도 찾아보기힘들다. 내셔널리즘이 주인공의 자리를 상업주의에 넘긴 지이미 오래다.

하지만 2년 전 평창동계올림픽은 남북 화해를 동아시아 평화 구축의 발판으로 삼겠다는 의미를 부여했다. 그런데 일본정부는 찬물을 끼얹었다. 일본 정부의 방침에 발맞추어 대다수 언론은 정부 입장을 대변하기 바빴다. 그러나 일본이 올림픽을 개최하면 상대에게 겨누었던 칼날이 자신에게 되돌아온다는 사실을 잊어서는 안 된다.

실제로 도쿄올림픽을 향한 한국의 차가운 시선이 느껴지는풍자 포스터가 일본 내 혐한 세력의 도마 위에 올랐다. '사이버 외교 사절단'을 자칭하는 민간단체 반크Voluntary Agency Network of Korea가 제작한 '방사능 올림픽' 포스터가 한국 때리기 최상의재료가 되었다. 사실 후쿠시마 원전 사고로 인한 방사능 오염을 걱정하는 국제 여론은 생각보다 끈질기다. 도쿄가 올림픽개최지로 선정된 직후 비슷한 풍자화가 독일과 프랑스의 주간지 등에 실렸다. 이에 스가 관방장관이 주프랑스 일본대사관을 통해 엄중히 항의했는데, 프랑스 주간지 편집장은 "우리는 비극을 유머로 맞서지만, 일본은 그렇지 않은 듯하다"라며 일본의 항의에 곤혹스러워했다고 한다.

한편 반크는 도쿄올림픽 진행 중 욱일기 응원을 금지하도록 IOC에 요청하기도 했다. 이미 한국에서는 2019년 9월 30일 국회 본회의에서 '경기장 내 욱일기 반입 금지 조치를 요구하는 결의안'을 채택하고, 일본 올림픽조직위원회JOC에 그 취지를 전달했다. 하지만 JOC는 일본 정부의 의견을 받아 "욱일기는 아무런 정치적 의도가 없다"며 한국의 요청을 묵살했다.

일본 내에서 J리그 경기에 욱일기가 반입되어 응원에 쓰인 일이 있었다. 하지만 같은 해 아시아축구연맹은 이를 '정치적 선동'으로 인정해 일본 팀에 제재를 가했다. 욱일기 문제는 일본을 헐뜯기 위한 일부 활동가의 정치적 선동 정도로 얼버무릴 사안이 아니다. 뒤에서 자세히 언급하겠지만, 일본 정부는 이 문제에 오로지 강경 돌파 의지로 대응한다. 오히려 한일 양국 사이에 어떤 문제라도 일어나길 바라는 건 아닐까 하는 의심마저 든다.

최근 일어난 다양한 사태가 국민 통합을 꾀하는 정부의 노림수 때문이라면, 그 통합을 가능케 해주는 또 하나의 요소인 '적'을 조작해내는 방법이 있다는 데 주목해야 한다. 일본은 과거 귀축미영鬼畜米英[•]이라는 구호로 일본 국민을 결집해 무모한 전쟁에 동원시킨 전력이 있다. 일본 정부는 북한과 중국에 더해 한국에 대한 적대감을 선동함으로써 일본 국민이 동아시아 정세와 관련해 위기의식을 갖게 하려고 한다. 이들 적대국을 향한 증오심으로 '아름다운 나라' 일본으로의 귀속의식을 키우고, 이 나라 지도자를 순순히 따르게 하여 장기 집권의 발판으로 삼으려는 것은 아닐까?

이런 정부의 기획에 언론이 협력하고 있다. 이미 몇 년 전부터 계속되어왔고, 지금도 진행 중이다.

[•] 미국과 영국을 비하하여 이르는 말로, 태평양전쟁 당시 사용되었다.

왜 한국인가?

2016년 초 재부산일본국총영사관 앞에 평화의 소녀상이 설치되었다. 이에 일본은 한일 통화 스와프와 어업 협정 등의 교섭을 중단하겠다고 발표했다. 2015년 말 체결한 '위안부 합의' 위반이라는 주장이었다. 평화의 소녀상 설치와 관련해 일본 정부와 그 동조 세력 및 추종자들의 반응은 이상하리만치 예민했다. 평화의 소녀상은 당당하고 강한 의지를 내뿜으면서도 다가가는 사람을 거부한다거나 도발하는 듯한 느낌은커녕 오히려 온화한 느낌마저 주는데, 그들은 왜 과민 반응을 보이는 걸까? 뭔가 꺼림칙한 마음이 작용한 건 아닐까? 정치적 의도가 다분한 경제 보복 조치는 이때부터 그 효과가 가늠되었을 테다.

그런데 2016년이 저물어갈 무렵부터 한국의 정세는 격랑 속으로 빨려들어 갔다. 최고권력자의 국정 농단 사건이 밝혀지면서 국민의 분노가 폭발했다. 거의 반년 가까이 주말마다 100만 명 넘는 시민이 박근혜 퇴진을 요구하며 광장으로 모여들었다. 기어이 헌법재판소 심판이 결정되었고, 2017년 3월 박근혜의 실각과 보수 정권의 와해라는 극적인 반전을 맞이했다.

그때까지 일본 정부와 언론은 박근혜의 대외 활동을 '고자질 외교'라고 비난했는데, 한일조약을 체결한 박정희 군사 정권의 혈맥을 이은 박근혜를 일본 정부는 만만한 파트너로 여겼다. 한반도 군사 정보를 공유하는 협정인 지소미아GSOMIA를 체결했으며, 생선 가시처럼 목에 걸렸던 '위안부' 문제도 '최종적이고도 불가역적인 합의'를 이루어냈다. 이는 "대대손손 반복해서 사죄해야 하는 숙명"(아베 총리 담화, 2015년 8월 14일)에서 벗어나게 해주었다.

일본 정부는 국민의 심판에 힘입어 새롭게 등장한 문재인 정권이 한일 간 현안에 큰 변화를 주리라고는 생각하지 않았다. 2017년 5월 9일 기시다 외무상은 대통령 선거 결과와 관련해 다음과 같이 말했다.

한국은 전략적 이익을 공유하는 가장 중요한 이웃 나라다. 여러 분야에 걸쳐 한일 양국의 협력 관계를 더욱 발전시켜 가도록 문재인 차기 대통령 아래에 탄생할 새로운 내각과 긴밀하게 협조하고 싶다.

나중에 언급하겠지만, 한국이 '위안부' 합의 재검토를 발표한 이후 아베 총리의 2018년 연초 시정 연설에서는 '전략적 이익을 공유하는 가장 중요한 이웃 나라'라는 표현이 빠졌다.

한편 2017년은 아베 정권에게 전에 없던 위기의 시기였다. 《아사히신문》 등의 보도로 모리토모학원, 가케학원 문제가 커다란 정치 스캔들로 부상했기 때문이다. 아베 총리를 압박하는 추궁은 7월 중의원 예산위원회까지 무겁게 이어져 내각 지지율 급락이라는 심각한 결과로 나타났다.

모리토모학원 문제, 가케학원 문제 그리고 육상자위대 일보^{日報} 문제* 등이 이어지며 아베 내각 지지율은 각종 여론조사에서 급락했다. 일부 조사에서는 지지율이 30%를 밑돌기도 했다. "나가타초에서는 위험 범위로 넘어갔다"라는 지적까지 나왔다. _NHK 〈정치 매거진〉, 2017년 7월 27일

위기의 탈출구는 생각지도 않은 곳에서 나타났다. 북한의 계속되는 미사일 발사가 일본 국민의 눈과 귀를 '국가적 위기'로 옮겨가게 했다. 여기에는 언론이 단단히 한몫했다.

8월 29일 북한이 중거리 탄도미사일을 발사하자 NHK는 물론 민간 방송사들까지 짜고 친 것처럼 대대적으로 보도하고 나섰다. 특히 NHK는 인기 프로그램인 〈연속 TV 소설〉 같은 방송마저 중단한 채 새벽부터 오전 10시까지 특별 방송에서 상세한 해설과 보도를 이어갔다.

일본 정부는 발사 시간 4분 후인 6시 2분에 전국 순간 경보(J경보) 시스템으로 "북한 서해안에서 미사일이 도호쿠 지방으로 발사된 것 같습니다. 튼튼한 건물이나 지하로 대피하시기 바랍니다"라는 경보를 발령했다. J경보 시스템은 2007년부터 일부 자치단체에서 도입해 2017년에는 일본 전역에서 활용되었다. 원래는 지진, 해일, 화산 분화 등 자연재해 대책의 일

●　자위대 해외 파견 부대가 이라크와 남수단에서 활동한 내용을 정리한 일보(활동 보고서)에 대하여 방위성과 자위대가 일본 국민과 국회에 그 존재를 은폐했다는 의혹과 관련한 일련의 문제를 일컫는다. 처음에는 일보가 없다고 했다가 반발이 거세지자 나중에는 육상자위대 연구본부에서 발견되었지만 방위성에는 보고하지 않았다고 하는 등 고의적 은폐 의혹이 일었다.

환이었으나 미사일 경보 발령을 통해 전 국민에게 알려졌다.
경보가 발령되면 각지에서 스피커로 경보가 울리고 긴급 메
시지가 각 개인에게 전달되어 마치 전쟁이라도 일어난 듯한
분위기를 조성한다.

　9월 28일, 때를 기다리기라도 한 듯 아베 총리는 각의에서
중의원 해산을 발표했다. 선거를 1년이나 남기고 내린 결정이
었다. 야당에서는 정치 스캔들과 실정을 은폐하기 위해서라고
비판했지만, '북한 위기'로 국민의 위기감을 키우고 여당 지지
율을 굳히기에 안성맞춤의 기회라고 판단한 것으로 보인다.

　선거는 분열한 야당의 의석이 줄고, 3분의 2를 웃도는 의
석을 차지한 여당의 압승으로 끝났다. 아베 총리는 선거 연
설 내내 북한의 위협을 강조했다. NHK 〈클로즈업 현대〉의
중의원 선거 빅데이터 분석 결과(2017년 10월 23일)에 따르면,
소비세 대책 다음으로 북한에 대한 강경 대응책이 표심에 영
향을 끼쳤다고 한다. 폭언 장관으로 유명한 아소 부총리가
10월 26일 강연에서 "이번 승리는 북한의 덕도 있다"라며 본
심을 드러낸 것도 이해할 만했다.

　선거 이틀 뒤 외무성은 문재인 대통령과 아베 총리가 전화
로 향후 협력 관계를 확인했다고 발표했다.

왜 한국인가?

10월 24일 한일 정상 간 전화 회담이 있었다. 문재인 대통령은 중의원 선거 결과를 축하한다는 뜻을 전했다. 이에 아베 총리는 문재인 대통령의 축하를 진심으로 고맙게 생각한다는 뜻을 전했다. 두 정상은 양국 관계의 발전을 위해 지속적으로 긴밀히 협력함과 동시에 북한에 대한 압력을 강화하는 데 한일, 한미일 간 긴밀하게 협력할 것을 확인했다.

_외무성 홈페이지, '대한민국과의 정치 관계'

하지만 2개월 뒤 한일 관계를 크게 뒤흔드는 일이 발생했다. 박근혜 집권 시절의 부정과 부패를 검증하는 과정에서 2015년 체결한 '위안부' 합의도 검증 대상에 포함되었다. 이 합의에 대해 일본 정부는 이전부터 "양국 정부 사이의 합의이자 국제 사회로부터도 높은 평가를 받았다"고 주장해왔다. 하지만 2017년 5월, 국제연합 인권조약에 근거한 고문금지위원회는 "피해자 보상이나 명예 회복, 재발 방지책이 충분하다고 할 수 없다"고 지적하며 합의 재검토를 권고했다. 한국의 '위안부' 피해자 문제 합의 검토 태스크포스는 면밀한 검토 결과, 교섭 과정이나 합의 내용에 많은 문제점이 있고, 무엇보다 피해자의 의사가 반영되지 않은 점 등을 이유로 합의 재고를 요구하기로 했다. 일본 외무성은 즉시 "이미 실행 중인 합의를 변경하려 한다면 한일 관계는 통제 불능이 될 것이므로 결코 받아들일 수 없다"는 외무상 담화를 발표했다.

한국 측 검증 결과 발표에 앞서 일본을 방문한 한국의 강경화 외교부 장관이 평창올림픽 개회식에 아베 총리를 초대하고 싶다고 전하자 태스크포스의 동향을 들은 고노 다로 외무상은 "이런 상황이라면 참석하기 어렵다"는 답변을 내놓았고, 인사차 방문한 아베 총리는 "국회 일정을 봐서 결정하겠지만, 올림픽의 성공적인 개최를 기원한다"며 확답을 피했다.

2017년 12월 27일 '위안부' 피해자 문제 합의 검토 태스크포스의 검토 결과가 발표되었다. 이튿날 《로이터통신》은 "한국의 문재인 대통령은 28일 종군위안부 문제를 둘러싼 2015년 한일 합의에는 중대한 미비점이 있어 문제 해결을 위한 대책이 필요하다는 인식을 표명했다"고 전했다. 바로 이날부터 일본은 한국을 맹렬히 비난하기 시작했다. 일본 언론 중 비교적 양심적인 입장을 견지한다고 알려진 《아사히신문》은 12월 28일 자 사설에서 다음과 같이 합의 준수를 주장했다.

(보고에는) 박근혜 전 정권의 실정을 강조하고 싶어 하는

문재인 정권의 자세가 스며 있다. 합의를 둘러싼 여론의 불만에 대처하기 위한 국내용 검증이었다고 하겠다. … 재론의 여지 없이 외교 교섭에서는 한쪽만의 변명이 통할 리 없다. 특히 위안부 문제는 오랜 세월 이어온 현안이다. 합의는 그 벽을 넘어 서로에게 다가선 양국의 약속이다.

핵심이 되는 정신은 위안부의 명예와 존엄을 회복하는 데 있다. 문재인 정권은 합의 준수를 표명하고, 그들 마음의 상처를 조금이라도 치유할 수 있도록 일본 정부와 함께 착실하게 행동해 나가야 한다.

사설에는 '합의를 둘러싼 여론의 불만'이 무엇인지에 대한 설명이 없다. 어떤 불만이 있고, 왜 그런 불만이 생겼는지까지 설명하는 것이 언론의 의무 아닐까? 또 '국내용 검증'이라는 표현은 일본 정부에 합의 재고를 요구할 생각이 없다고 못 박는 것처럼 들리는데, 과연 그럴까? 게다가 '오랜 세월 이어온 현안'이 되어버린 이유를 설명해주지 않으면 '그 벽'이 무엇인지 이해할 수 없다. 한일 합의가 '그들 마음의 상처를 치유할' 수 없는 합의이기 때문에 한국의 여론이 불만을 나타낸 것 아닌가? 그 합의를 준수하라는 주장은 합의가 정당하다는 근거를 제시할 수 있어야 가능하다. 단순히 국가 간 결정이라는 형식론만 들먹여서는 결코 양국 사이의 골을 메울 수 없다. 이어서 사설은 '한국 정부는 시민단체를 설득하여' 대사관 앞 소녀상을 철거할 것을 주장했다. 2019년 아이치 트리엔날레 〈표현의 부자유전 - 그 이후〉에 소녀상 전시 중지를 요구한 나고야시장과 정치인들의 얼굴이 겹쳐 보인다.•

해가 바뀌자 한국 비난을 끌어올리려는 논조가 더욱 두드러졌다.

《요미우리신문》과 JNN(TBS 계열)이 15일 각각 발표한 여론조사에서, 추가 대응을 요구하는 문재인 정권의 방침과 관련하여 《요미우리신문》 조사에서는 '이해할 수 없다' 가 86%(이해할 수 있다 5%), JNN 조사에서는 '이해할 수 없

• 2019년 일본의 아이치 트리엔날레 〈표현의 부자유전 - 그 이후〉에 평화의 소녀상이 전시되자 지원금을 줄이겠다는 압력을 행사해 평화의 소녀상 전시가 중지되었다. 시민들의 힘과 관련 단체의 호소로 전시가 재개되기는 했지만, 순수한 전시회가 정치적으로 이용됐다는 비난이 일었다. 국제근현대미술관위원회는 "나고야시장 가와무라 다카시의 직접적인 전시 취소 요청과 정치인들의 지시에 따라 전시가 취소됐고, 이로써 예술가의 표현의 자유는 침해됐다"라며 비판했다.

왜 한국인가?

다'가 85%(이해할 수 있다 8%)나 되었다.

한국은 국제 사회의 보편적 원칙이 통용되지 않은 비정상 국가라고 할 수밖에 없으므로, 아베 정권은 "합의는 단 1밀리미터도 움직일 수 없다"라는 방침이다. 《요미우리신문》 조사에서는 이 방침을 '지지한다'는 응답이 83%이고, '지지하지 않는다'는 응답이 11%였다. '한국을 믿을 수 있는가?'라는 질문에는 '별로 믿음이 가지 않는다'와 '전혀 믿음이 가지 않는다'라는 응답이 총 78%, '매우 믿을 수 있다'와 '조금은 믿을 수 있다'라는 응답이 총 18%였다.

_《석간 후지》, 2018년 1월 16일

한국을 주 타깃으로 설정하기 시작한 것은 문재인 대통령이 대북 융화 노선으로 전환했기 때문으로 짐작된다. 2017년 한 해 동안 모두 열세 차례 북한의 미사일 발사가 있었는데(한 번은 실패), 11월 29일을 마지막으로 발사와 관련한 움직임은 포착되지 않았다. 이어 2018년 신년사에서 김정은 국무위원장의 평창올림픽 참가 관련 발언이 나오자 더 이상 '북한의 위협'만으로는 국민의 지지를 모을 수 없는 국면을 맞이한 셈이다.

평창올림픽
깎아내리기

평창동계올림픽을 비난하는 논조는 크게 두 가지다. 하나는 대회 내용이 충실하지 못하고 운영이 미숙하다며 자극하는 것이고, 또 하나는 북한의 참가를 둘러싼 한국의 입장을 의문시하는 것이다.

올림픽 대회장의 구성이나 교통망 정비가 많이 늦어졌다는 지적은 평창이 동계올림픽 개최지로 결정된 직후부터 일본 언론에 등장했다. 북한과의 분산 개최나 일본과의 공동 개최 같은 실현 가능성이 적은 주장도 있었지만, 결국 준비는 차질 없이 진행되어 2018년 2월 9일 개회식을 맞이했다. 그때까지 문제가 된 것은 자원봉사자의 식사였다.

'교도소보다 못한 메뉴' 평창올림픽 스텝의 분노가 인내의 한계에… 네티즌도 비판 "'평양'올림픽이니 별수 없다."

1월 29일 《레코드 차이나》 *는 위와 같은 자극적인 제목으로 이 문제를 전했다. 직원용 식당 메뉴가 교도소나 군대보다 못하니 개선해달라는 청원을 식판 사진과 함께 소개한 기사였다. 기사에서 취재원은 "스텝들 사이에서는 '평창 교도소'라는 말까지 나올 정도"라면서 "나랏일을 하는 사람들이 군대보다 못한 대우를 받는 것은 이해할 수 없다. 바로 개선했으면 좋겠다"라고 호소했다. 또 "북한 시찰단에는 호텔식 최고급 메뉴를 제공한 만큼 대통령 직속 직원에게도 같은 메뉴를 제공해야 한다"라는 비판이나 "재료비를 절약해 남은 돈을 김정은에게 갖다 바치는 거 아니냐?", "별수 있나? 이번 대회는 평창올림픽이 아니라 평양올림픽이니까", "북한이 개최하는 대회니까 식사도 북한 수준" 같은 비아냥도 확인할 수 있었다.

북한 운운하는 내용은 우익 네티즌의 목소리일 것이므로

• 《레코드 차이나》는 주로 중국과 한국 등의 시사 뉴스를 보도하는 회사로 2005년 설립되었으며 본사는 도쿄에 있다.

대다수 한국 국민의 목소리라고 판단하는 것은 위험하다. 그런데 며칠 뒤인 2월 1일, 정말 그렇게 식사가 형편없는지 확인하기 위해 실제로 직원 식당을 이용해봤다는 기사가 한국 언론에 실렸다. 기사에 게재된 사진은 국민 청원에 인용된 사진과는 매우 달랐다. 기사에는 식판에 음식을 어떻게 담느냐에 따라 이미지가 크게 달라질 수 있다는 내용이 적혀 있었다. 식당마다 약간의 차이는 있겠지만 '음식이 형편없음'을 강조하기 위해 작위적으로 사진을 조작했을 가능성이 있다는 의견인 셈이다.

2월 3일 NHK 〈뉴스웹〉은 "개막을 일주일 남긴 시점에 올림픽 자원봉사자들이 생활 환경에 불만을 드러내며 2400명이 사의를 표하고 경기장을 떠났다"고 보도했다.

숙박 시설 일부에서는 온수 사용 시간이 제한되어 냉수로 몸을 씻어야 하거나 통근 버스가 부족해 출퇴근 시 강추위 속에서 한 시간 넘게 버스를 기다려야 한다는 불만이 뒤를 이었다. 조직위원회에 따르면 3일까지 약 2400명이 그만두었다고 한다. 아직 남아 있는 학생 자원봉사자 중에는 "시간에 따라 온수가 안 나오는 숙박 시설도 있다고 들었다"

거나 "숙소에서 근무지까지 버스로 세 시간이나 걸리고 버스 수도 부족하다"며 불만을 토로하는 사람도 있다.

또 2월 9일 《데일리 뉴스》 온라인판에는 한때 팬데믹까지 우려된 노로바이러스의 유행이 한국인의 위생 관념 부족 때문이라는 인상을 주는 기사가 실렸다.

개막을 코앞에 둔 한국 평창올림픽 시설에서 경비원 등 86명이 노로바이러스 감염 증상을 보여 검사가 진행 중이며 현지에서는 긴급사태의 양상을 띠고 있다. 노로바이러스 감염증은 주로 기온이 낮은 겨울철에 발생하며 구토, 설사 등 급성 위장염 증상을 일으킨다. 감염자의 분변이나 토사물, 혹은 그것이 건조되어 생기는 먼지가 입을 통해 감염되기 때문에 전염성이 꽤 크다. 많은 사람이 왕래하는 올림픽 시설이므로 그 공포는 이루 말할 수 없다.

이런 식으로 공포를 부추긴 데다가 노로바이러스 발생과는 직접적 관계도 없는 서울 시내 특급 호텔의 불량한 위생 상태를 전하는 다른 뉴스 기사를 끼워 넣었다.

이달 4일에는 한국의 TV조선 시사 프로그램이 서울의 5성급 호텔에서 '화장실을 청소한 수세미로 컵까지 닦았다'는 사실을 전해 화제가 되었다. 영상에서 종업원은 변기 물에 수세미를 적셔 방을 청소했고, 컵의 물기는 손님이 사용한 수건으로 닦아냈다.

이 보도 자체는 사실인 모양이다. 그런데 《데일리 뉴스》온라인판 기사 전체를 보면 기사 내용과는 전혀 무관한 일본대사관 앞 소녀상 사진을 크게 내걸어 '한국 때리기'를 의도한 듯 보인다.

더욱이 주한 일본대사관은 '2018년 평창동계올림픽·패럴림픽 개최에 따른 주의 환기'라는 제목의 메시지를 외무성 및 주한 일본대사관 홈페이지 등에 게재하며 한국에 있는 일본인이나 여행자의 주의를 촉구했다.

2월 9일부터 25일까지는 한국 북동부 평창·강릉을 중심으로 제23회 동계올림픽 경기가, 또 3월 9일부터 18일까지는 같은 장소에서 제12회 패럴림픽 경기가 개최됩니다.

안전 대책

(1) 한국에서 최근 대규모 테러 사건 등은 발생하지 않았습니다. 연간 범죄 발생 건수는 약 185만 건으로 평년 수준이며, 한국의 치안은 비교적 안전한 상황입니다. 하지만 주요 범죄 발생 위험을 일본과 비교하면 한국은 살인이 약 2.5배, 강도가 약 1.2배 많이 발생합니다.

'세계의 살인 발생률 국가별 랭킹'이라는 데이터가 있다.[*] 2019년 데이터를 기준으로 조사 대상 174개국 중 일부 나라의 인구 10만 명당 살인 발생 건수를 살펴보면 다음과 같다.

러시아	9.13	40위
미국	5.32	65위
프랑스	1.27	121위
영국	1.20	127위
한국	0.59	155위
일본	0.24	168위

[*] https://www.globalnote.jp/post-1697.html

이에 따르면 일본은 0.24건으로 살인 발생 건수가 매우 낮다. 한국은 0.59건으로 일본의 2.5배이다. 하지만 미국의 10분의 1, 프랑스의 2분의 1 수준에 불과해 살인 사건에 휘말릴 가능성이 매우 낮아 안전하다는 사실을 알 수 있다. 그런데도 올림픽을 참관하려는 일본인에게 살인 발생률이 일본의 2.5배나 된다는 사실만 밝혀 불필요한 경계심을 갖게 함으로써 한국의 이미지를 크게 훼손했다. 어쩌면 일본 정부가 주도하는 '혐한 여론 조성'의 도화선으로 봐야 할지도 모를 일이다.

평창올림픽 깎아내리기

평양올림픽이라는
중상모략

다음으로 북한의 평창동계올림픽 참가를 둘러싼 보도를 살펴보자. 2017년 11월 29일까지 계속된 미사일 발사 실험 때문에 북한이 평창올림픽에 참가하는 일은 없을 거라는 견해가 연말까지만 해도 지배적이었다. 하지만 2018년 1월 1일 김정은 국무위원장이 신년사에서 "평창동계올림픽은 세계에 민족의 위상을 자랑할 좋은 기회"이므로 "대표단 파견을 포함해 필요한 조치를 취할 용의가 있다"라고 발표하면서 상황이 급변했다.

올림픽은 과거에도 정치적 의미를 부여하며 개최하곤 했기에 이번 북한의 참가가 비난의 대상이 될 수는 없다. IOC 위원장 토마스 바흐는 개회식 인사에서 "다양성 속에서의 결속은 분단하려는 힘보다 강합니다"라며 남북한 선수의 입장식 합동 행진을 기리고 '전 세계를 향해 평화의 메시지를 전하는' 정치성을 도리어 적극적으로 긍정했다.

한국 정부가 북한의 올림픽 참가에 특별한 노력을 기울인 것은 북한 비핵화, 동아시아 평화, 남북 통일을 향한 험난한 노정의 첫발을 떼려는 강한 집념의 발로가 아닌가? 그런데 여기에 찬물을 끼얹으려는 세력은 북한의 책략에 빠지고 공산주의 국가에 예속된 한심한 한국 정부라는 이미지를 만들어 내려고 안달이었다. 이런 점에서 일본 측 보도가 한국의 보수 언론인 《조선일보》, 《중앙일보》, 《동아일보》 등과 흡사한 논조를 유지한 것은 단순한 우연이 아니었다.

2019년 《조선일보》 일본어판 기사가 대통령 직속 기관과 한국 내 여론의 반발을 산 일을 상기해야 한다. 《조선일보》는 2019년 7월 11일 자 일본어판 사설에서 "애초에 지금의 문제(한일 마찰)를 일으킨 것은 한국의 법원과 정부다"라며 마치 일본 정부의 입장을 대변이라도 하듯 한국 정부와 사법부를 공격했다. 이후로도 《조선일보》는 일본어판 지면을 빌려 문재인 대통령 관련 비판을 더욱 자극적인 헤드라인으로 장식하며 일본 내 혐한 감정을 부추긴다는 비난을 받았다.

이런 비난의 영향인지《조선일보》는 7월 20일 이후로 사설이나 칼럼의 일본어판 게재를 중단했다. 그러자 9월 8일《산케이신문》은《조선일보》의 이런 행보가 "정부의 보도 규제와 언론 압박" 때문이라며 "서둘러 재개할 것을 요구한다"면서 노골적인 옹호 입장을 밝혔다(《조선일보》일본어판은 9월에 부활했다). 한국의 일부 여론은 아베 정권, 자유한국당(보수 야당으로 미래통합당을 거쳐 현재는 국민의힘),《조선일보》를 '극우삼각동맹'이라고 부르기도 한다.

한편 북한이 갑작스럽게 동계올림픽 참가를 결정한 의도를 두고 여러 분석과 억측이 쏟아졌다. 융화 자세를 보여 경제 제재 조치를 완화하기 위해서라거나, 한국을 끌어안음으로써 한미일 동맹에 균열을 조장하기 위해서라거나, 핵 개발을 진전시킬 시간을 벌기 위해서라는 말이 나왔다. 이런 논조에 편승해 일본에서는 한국과 문재인 정권의 약점을 캐거나 북한 종속을 비난하는 주장이 두드러졌다. 예컨대 이상철 류코쿠대학 교수는《이론나 iRonna》*에 게재한 '북한이 빼앗아간 평양올림픽, 김정은의 속셈'이라는 글에서 다음 일화를 소개했다.

●   《산케이신문》이 운영하는 일본의 극우 오피니언 사이트.

평창동계올림픽을 평양에 빼앗기는 것은 아닐까 하는 우려가 현실감을 띠고 있다. 1월 22일 한국 국회의원회관에서 열린 당정협의회에서 여당인 더불어민주당 정책의장인 김태년이 "지구촌 축제인 동계올림픽이 다음 달 평양에서 열린다"라고 말해 주위를 당황케 하는 진풍경이 TV를 통해 전해졌다. 국회의원조차 평창올림픽을 평양올림픽으로 착각할 정도로 평화의 제전이어야 할 올림픽이 남북의 정치 쇼 현장으로 변질되고 있다.

평창과 평양의 발음이 비슷해 어쩌다 헷갈릴 수도 있음에도 터무니없는 트집을 잡아 '국회의원조차 평창올림픽을 평양 올림픽이라고 착각'한다고 조롱하며, '북한이 하자는 대로 하는 문재인 정권의 실태'를 꼬집으려 한 것으로 보인다. 물론 남북 화해 분위기를 과하게 연출한 부분은 있었다. 하지만 실제로 올림픽이 북한에서 개최되지 않는다는 건 누구나 아는 사실이었다.

이상철 교수는 《산케이신문》에 연재한 칼럼을 정리해 2018년 10월 《북한이 만든 한국 대통령-문재인 정권 실록》이라는 책을 일본 산케이신문출판부에서 출간할 정도로 확고하게 '문재인=북한 괴뢰설'을 주장하는 사람으로 보인다. 하지만 문재인 대통령을 뽑은 것은 촛불로 광화문 광장과 전국을 밝힌 한국 국민이었음을 전 세계가 안다는 사실을 잊어서는 안 된다. 이를 무시하고 북한 운운하는 주장은 민주주의를 모독하는 행위에 지나지 않는다.

시간 벌기와 국제 여론 분열, 한국 내 분열, 북한의 이미지 개선 등 다양한 목적도 있지만, 무엇보다 중요한 것은 국제 사회의 포위망을 없애는 일이다. 국제 사회의 제재에 고통받는 김정은 정권은 평창올림픽을 이용해 제재의 포위망에서 벗어나는 데 안간힘을 쏟고 있는데, 우선 가장 약한 한국에 공을 들이는 것으로 보인다.

위의 이어지는 내용에서 강조하는 바는 북한이 '가장 약한 한국에 공을 들인다'고 한 부분이다. 이러한 '북한에 약한 한국'이라는 프레임을 《산케이신문》 등이 이어받았는데, 특히 김정은의 특사로 주목받은 누이동생이자 조선노동당 제1부부장인 김여정과 관련된 기사가 지면을 수놓았다.

북한 김정은 조선노동당위원장의 실제 누이동생인 김여정이 평창올림픽 개회식에 참가했는데, 그녀의 '미소 외교'가 눈길을 끌었다. '김여정 붐'이라고 해도 이상하지 않은 현상을 북한과 공동 연출한 것은 다름 아닌 한국이다.

_산케이 디지털《iza》, 2018년 2월 9일

평창올림픽의 열기가 가득한 한국을 방문했다. 한국의 신문이나 TV는 북한 선수의 동향과 김여정 특사를 최고 의전으로 맞이한 문재인 정권의 모습, 북한 악단의 공연만 전하고 있다. 한국의 미디어를 보면 행복한 나라에서 여왕이 찾아와 평화를 가져다준 것 같은 착각에 빠지고 만다.

문 대통령은 바쁜 일정 속에서 김여정 특사와 네 차례나 만났고 오찬도 한 번 가졌다. 함께 보낸 시간은 모두 10시간 정도다. 이뿐만 아니라 총리, 통일부 장관, 대통령비서실장이 최고급 호텔 레스토랑에서 김여정 일행과 한 차례씩 식사했다. 아베 총리와는 수뇌회담과 개회식 행사에서만 만났고 식사 자리는 한 번도 없었다. _니시오카 쓰토무(레이타쿠대학 객원교수),

'문 씨를 몰아세우는 북한의 올림픽 전략', 《산케이신문》, 2018년 2월 16일

《도쿄신문》편집위원인 고미 요지도 김여정을 언급했다.

　북한이 숙고를 거듭한 끝에 내놓은 결론이 임신 중인 여동생을 보내는 대담한 방법이었다. 일반적으로는 두지 않는 수다. 한국은 그녀가 파견된다는 사실에 깜짝 놀랐다. 북한은 당연히 한국이 놀랄 것을 예상하고 거물급을 파견해 정상회담에 준하는 형식을 취했다. 문재인 대통령도 기뻐하며 김여정의 포로가 되고 말았다.
　김여정을 만난 한국 정부 고위 관료에 따르면 그녀는 상식적이면서 좋은 사람이라고 한다. "김여정만 있으면 남북 관계는 좋아진다"며 헤롱헤롱. 북한은 한국의 적국이다. 언제 전쟁이 일어나도 이상하지 않다. 그런데 김여정 한 사람으로 인해 분위기가 확 바뀌고 말았다. _〈AERA dot〉, 2018년 4월 12일

고미 요지는 저서 《김정남 고백집》으로 유명한데, 그 밖에도 《여자가 움직이는 북한 - 김씨 왕조 3대 '부인' 비록》 등의 저서가 있다. '포로가 되다', '헤롱헤롱' 같은 표현으로 특정 인물을 비하하는 데 장기가 있는 듯하다.
　마치 연예 잡지에나 실릴 법한 이런 기사를 읽고 있자니

2019년 5월 트럼프 미국 대통령의 방일 이벤트가 떠오른다. 일본골프투어기구 회장인 아오키 이사오를 대동한 골프 접대를 시작으로 로열석을 통째로 빌린 스모 관전, 선술집 환담 같은 외교 상식을 벗어나 마치 귀한 관광객이라도 접대하는 듯한 모양새였다. 그에 더해 F-35 스텔스 전투기 105대 구입과 처치 곤란한 사료용 옥수수 대량 수입을 약속하는 등의 황실 접대와 관련해 어느 신문이고 '트럼프 대통령 헤롱헤롱' 식의 기사를 실은 적이 있던가?

니시오카 쓰토무 교수는 이어지는 글에서 "놀랍게도 문재인 대통령은 김여정 특사와 그토록 오랜 시간을 함께하면서 핵, 미사일 문제에 대해서는 한마디도 언급하지 않았다"며 북한을 자극하지 않으려고 문재인 대통령이 일부러 현안 해결에 눈을 감았다는 식으로 비난했다.

하지만 부메랑은 곧바로 아베 총리에게로 돌아왔다. 5월 트럼프 대통령 방일과 관련해 우익 민족주의 단체 잇스이카이一水会의 대표 기무라 미쓰히로는 일본에 중요한 안보 문제와 오키나와 문제를 언급하지 않았다는 사실에 분개했다.

이번에도 오키나와 문제는 전혀 언급하지 않았다. 헤노

코 기지 건설* 현민 투표에서 민의가 반대를 나타냈듯이 많은 현민이 미군 기지의 존재와 주일 미군을 일본의 법과 규제 밖에 두는 불평등한 미일지위협정에 괴로워했다. 이런 대미 종속을 어떻게 생각하는가 하는 문제를 제쳐두고 미국과 일본의 운명 운운하다니, 이는 오키나와와 일본인을 모독하는 행위다. _ '우익도 분노한 트럼프 대통령 방일 열광의 우울증', 《마이니치신문》, 2019년 6월 2일

한국에서 여야 간에 상대를 비난하거나 헐뜯을 때 자주 쓰는 말 중에 '내로남불(내가 하면 로맨스, 남이 하면 불륜)'이라는 말이 있다. 일본 언론이야말로 내로남불을 실천하고 있는 건 아닐까?

북한의 올림픽 참가와 관련해 커다란 관심을 끈 일 중 하나는 아베 총리의 개회식 참석 문제였다. 박근혜 정권이 2015년 12월 일본과 교환한 '위안부' 합의를 두고 문재인 대통령은

•　헤노코는 오키나와섬 북동쪽에 있는 작은 어촌으로, 후텐마 미군 기지 이전 예정지로 결정되면서 세계적으로 알려졌다. 마을 앞바다를 메워 미군 기지 건설을 강행하는 일본 정부에 맞서 주민들이 10년 넘게 반대 투쟁을 벌여왔다.

2018년 1월 10일 신년 기자회견에서 다음과 같이 말했다.

일본이 진실을 인정하고 또한 피해자들께 진심으로 사죄하며, 그것을 교훈 삼아 다시금 이와 같은 일이 일어나지 않도록 국제 사회와 함께 노력할 때 피해자도 일본을 용서할 수 있다. 이것이야말로 이 문제의 완전한 해결이다.

하지만 한편으로는 이 문제와 관련해 일본 정부와 재협의할 생각이 없음을 표명했다.

이미 전 정권에서 양국 간에 공식 합의가 이루어졌기 때문에 우리가 그 내용에 만족하지 못하더라도 현실적으로 해결할 수 있는 최선책을 찾아야 한다. 재교섭을 요구함으로써 해결할 수 있는 문제는 아니라고 생각한다.

이 발언을 두고 일본 정부와 언론은 일제히 반발하고 나섰고, 개회식 불참을 주장하는 논조가 봇물 터지듯 넘쳐났다.

아베 총리에게 개회식 참석을 요구하는 목소리가 여당에

평양올림픽이라는 중상모략

서도 나왔지만 안 될 말이다. 위안부 합의와 관련한 한국의 입장에 실망할 따름이다. 속 들여다보이는 연극에 불과한 평화의 제전에 아베 총리가 엮이는 일은 북한이 바라는 바다. _'아베 신조 총리의 평창올림픽 참석은 논외다', 《산케이신문》, 1월 19일

2015년 12월 당시 박근혜 정권과 주고받은 '최종적이고 불가역적인 해결'을 확인한 한일 합의를 손바닥 뒤집듯 한 한국 외교에 일본 정부 여당에서도 분노와 불만이 터져 나왔다. 정부 여당에서는 '총리의 개회식 참석 가능성은 사라졌다'(총리 측근)는 판단이 대세였다. … 외무성도 '참석은 외교적으로 단점이 더 많다'(간부)는 판단을 총리에게 전달한 것으로 알려졌다. 총리도 12일 문재인 대통령이 요청한 추가 조치 등을 '전혀 받아들일 수 없다'며 불쾌감을 드러냈다. _'평창올림픽 개회식 참석 여부로 평가받는 아베 외교', 《동양경제》 온라인판, 1월 27일

하지만 한편으로는 니카이 도시히로 자민당 간사장이나 야마구치 나쓰오 공명당 대표가 애초부터 총리 방한 찬성론이라는 복선을 깔아둔 상태였다. 더욱이 "백악관에서도 개회식

에 참석해달라고 아베 총리에게 강하게 요청했다"며 미국의
의향이 큰 압력이라는 사실도 함께 전했다.

사실 그 전에 《산케이신문》은 '아베 총리가 평창올림픽 개
회식 참석을 보류한다는 방침을 굳혔다'는 오보를 흘렸다(1월
18일). 하지만 실수를 만회하려는 듯 23일에는 총리와의 단독
인터뷰를 통해 방한 의사를 확인했다.

> 아베 신조 총리는 23일 총리 관저에서 진행한 인터뷰에
> 서 2월 9일 한국에서 열리는 평창올림픽 개회식에 참석하
> 기 위해 방한할 생각임을 분명히 밝혔다. 이때 문재인 대통
> 령과도 회담하여 위안부 문제를 둘러싼 한일 합의와 관련
> 해 문재인 정권이 밝힌 새로운 방침을 받아들일 수 없다고
> 직접 전달하겠다는 의사를 확인했다. 핵, 미사일 개발을 계
> 속하는 북한과 관련해서는 고도의 압력을 유지하겠다고 말
> 했다. _《산케이신문》, 2018년 1월 24일

이어서 이 신문은 "아베 총리 지지자 사이에서 개회식 참석
반대론이 압도적이었음에도 총리가 나서서 참석을 결단한 것
은 왜일까? 이번 인터뷰나 총리 주변 취재로 알 수 있었던 것

은 위험을 감수하고 비판을 각오하고서라도 해야 할 일은 하겠다는 '정권을 짊어진 자의 책임'이었다"라며 총리의 판단을 환영하고 추켜세웠다. '개회식 참석은 논외'라고 못 박은 신문이라고는 생각할 수 없을 만큼 재빠른 노선 변경이었다.

결국 1월 10일 이후 여론 동향, 일부 언론의 발 빠른 반대론 등 다양한 반응을 확인하면서 23일 가장 결정적인 미국의 요청을 따르는 형태로 개회식 참석이라는 결론을 내렸다. 이 시기의 촌극과 관련해 '지금에야 하는 말이지만' 식의 뒷말이 나돌기도 했다.

아베 총리는 애초부터 참석할 생각을 했고, 일본 내 반대론이 고조되는 단계에서 결단을 내려 리더로서의 지도력을 국제 사회에 어필할 심산이었다.

_총리 관저 관계자를 인용한 《동양경제》 온라인판 보도

만약 처음부터 참석할 생각이었다면, '국회 일정을 보면서 결정하겠다'며 망설이는 발언으로 반대 여론을 유발하거나 '위험을 감수하고서라도 해야 할 일은 한다'며 강력한 리더십을 어필하려는 어쭙잖은 촌극에 국민이 놀아난 셈이다.

그 결과 '총리의 결단'에 찬성하는 목소리가 55%로 '참석하면 안 된다'는 답변 33%를 크게 웃돌았다(《니혼게이자이신문》, 1월 28일).

미투 운동을
보는 시선

평창올림픽을 전후해 한국 사회는 또 하나의 커다란 이슈에 휩싸였다. 2018년 1월 29일 JTBC 〈뉴스룸〉에서 서지현 검사를 인터뷰하면서부터다. 인터뷰에서 서 검사는 검찰 간부의 성희롱 사실과 그 이후 벌어진 검찰 내부의 사건 무마 행태, 오히려 피해자를 압박한 사실 등을 털어놓았다.

이 프로그램은 3월 5일에도 지난 대통령 선거의 유력한 후보였던 안희정의 전 수행비서 김지은 씨가 안희정으로부터 오랫동안 성적 관계를 강요받았다고 고백한 내용을 방송에 내보냈다. 한국 국민은 커다란 충격에 휩싸였다. 이 두 사건을 계기로 한국에서는 연극, 영화, 문학, 정치 등 다양한 분야에서 고발이 이어져 한국판 미투Me too 운동이 활기를 띠었다.

미투 운동은 2017년 7월 10일 《뉴욕타임스》가 할리우드의 거물 제작자를 고발한 데서 비롯되어 연극, 영화, 방송계를 중심으로 전 세계로 번졌다. 이 운동이 한국에 큰 영향을 미친 데는 그만한 이유가 있다. 성폭력이나 성희롱 사건이 발생하는 저변에는 남성 우위, 직장 내 상하관계 등 불평등한 역학관계가 존재하는데, 이런 구조적 문제가 약자의 피해를 유발한다고 판단해 이를 바로잡고자 하는 의식이 한국 사회에 확산되었기 때문이다. 특히 2016~2017년에 일어난 촛불혁명으로 무소불위의 권력을 축출하고 정권 교체를 이루어내는 과정에서 그 의식이 더욱 뚜렷하게 공유되었으리라 생각한다.

일본 사회는 어떤가? 2017년 5월 저널리스트 이토 시오리는 전 TBS 정치부 기자였던 야마구치 노리유키에게 당한 준강간 피해 사실을 고소했다. 고소를 접수하고 체포영장을 준비하던 경찰이 영장 신청 직전에 갑자기 중지했다는 보도가 나왔는데, 야마구치가 아베 총리와 가까운 사이기 때문이라는 추측이 나돌았다. 그러면서 사건은 성범죄에서 권력형 범죄로 분위기가 바뀌는 듯했다.

얼마 지나지 않아 이토 시오리는 다음과 같은 말을 남긴 채 도망치듯 런던으로 이주했다.

온라인을 통해 비판과 협박에 시달렸고, 신상에 위험을 감지했습니다. 밖에 나가는 것조차 무서웠습니다. 전부터 상대를 고소하면 일본에서는 일할 수 없게 될 거라는 말을 많이 들어온 터라 각오도 확실하게 다졌습니다. 하지만 반발은 상상 이상이었고, 도저히 일본에 발붙이고 살아갈 수 없게 되었습니다. _《아사히신문》 디지털판, 2018년 9월 18일

이 사건은 2019년 12월 18일 성폭력 피해 건으로 소송이 제기되어 민사재판이 진행된 결과, 원고인 이토 시오리의 주장이 인정되어 피고 야마구치에게 330만 엔(약 3500만 원)의 배상금 지급 판결이 내려졌다. 그러나 피고 측이 불복하고 2020년 1월 6일 항소해 지금도 법원에 계류 중이다.

결국 일본에서는 미투 운동이 큰 반향을 일으키지 못한 채 수그러들었고, 일본 언론도 한국의 미투 운동에 특별한 관심을 보이지 않았다. 하지만 개중에서는 이마저도 한국을 비난하고 혐한 감정을 조성하기 위해 이용했다.

한국의 예능계에도 불붙은 성희롱 피해 고발 운동(미투 운동). 말 그대로 너도나도 고발 경쟁에 합류했다. 아직 고발

도 하지 않았는데 사과하는 사람, 사과에 그치지 않고 자살
하는 사람까지. 이렇게 극단적이어야 할까? 바로 이런 면에
서 이 나라의 국민성을 엿볼 수 있다.

_ '한국판 미투 운동은 '위안부·반일계몽'이 부메랑이 되어 크게 타오르는 중',
《데일리신문》, 2018년 3월 29일

이렇게 시작하는 기사는 다쿠쇼쿠대학 국제학부 오선화 교
수의 비평으로 이어지는데, 오 교수는 이를 비약해 반일 감정
과 연관 짓는다.

　이런 극단적인 움직임은 한국의 국민성 그 자체다. 한국
은 법 위에 '국민 정서법'이 있다고들 하는데, 여론이 거세지
면 법은 무시되고 진실도 진실이 아니게 된다. 그토록 열광
적으로 환영받던 박근혜 대통령이 한순간에 지지율을 잃고
국민의 70%가 탄핵에 찬성하는 국민 정서와 직면하면 재판
관이라도 거스를 수 없게 된다. … 한국이 민주화 선언을 한
것은 1987년이고, 민주화와 함께 여성을 보호하는 법도 정
비되어왔다. 하지만 법에 남녀평등을 끼워 넣어도 민간에
까지 침투하지는 않는다. 그래서 '성차별 고발은 용기 있는

행동'이라며 정부가 장려한 결과가 구 일본군 위안부 여성의 고발과 연결된다. 김학순 씨(1924~1997년)가 스스로 위안부였다고 발표한 때가 1991년인데, 그해에 성폭력 상담소가 설치되었다. 반일 감정을 고양하는 데 여성의 권리 향상도 도움이 된 셈이다.

박근혜 전 대통령이 탄핵당한 것은 '국민 정서' 때문이 아니라 절대적 권력을 사적으로 이용해 이익을 취한 권력형 범죄를 민주적 방법으로 해결한 결과였다. 그런데 이 자명한 사실조차 '민주화 → 성차별 고발 장려 → 위안부 고발 → 반일 감정 고양' 식으로 황당하게 몰아가는 주장에는 할 말을 잃게 된다. 옛 '위안부'의 증언은 반일을 부추기기 위한 것이 아니라 전시체제의 성노예라는 비인간적 만행을 규탄하는 정당한 행위로서 어디까지나 일본 정부를 향한 발언이었을 테다.

기사에 등장하는 '국민 정서법'이라는 표현은 원래 2005년 8월 12일 자 《중앙일보》 칼럼에 등장했던 역사적 용어다. 당시 한국 정보기관이 정치인, 관료, 재계, 종교계 등을 광범위하게 사찰한 사건과 관련해 도청 내용 공개 여부에 대한 사법부 판단을 두고 사용한 말이었다.

당시 언론은 도청 테이프 내용을 'X파일'이라 칭하고 《조선일보》를 비롯한 여러 언론사가 경쟁하듯 보도하며 쟁점화했다. 그런데 거기에 한국을 대표하는 재벌그룹 삼성이 대통령 선거 자금 제공, 정계와 언론계 로비 등을 했다는 증언이 포함되어 있었다. 애초 도청 내용에 포함된 재벌의 비리 의혹을 캐내려던 언론도 최대 광고주인 삼성을 상대로 싸우는 건 하책이라고 판단했는지 취재 방향을 정보기관에만 집중했다.

특히 《중앙일보》는 삼성 계열 신문사로서 굉장히 노골적으로 삼성을 옹호했다. 《중앙일보》는 칼럼에서 과거에 처벌받은 정치인이나 공무원이 원래 법적으로는 문제가 없었는데, 국민 정서에 영합하려는 사법부의 판단으로 불명예스러운 처우를 받았다고 언급했다. 그러면서 도청 내용을 공개하라는 국민 정서(삼성의 위법 추궁)와 헌법에 보장된 통신 비밀 유지(도청 내용 비공개)의 대립에 논의의 초점을 맞추려고 했다. 법치주의를 엄격하게 지켜야 한다고 주장함으로써 '국민 정서법'이라는 이름으로 삼성을 공격하는 행위는 부당하다는 이미지를 덧씌우려는 책략이었다. 따라서 혐한론자가 일본에 불리한 판결을 내린 한국 사법부를 비난하는 용어로 쓰기에는 본래의 맥락과 한참이나 거리가 멀다.

또 한국의 '국민 정서'가 기본적으로 반권력적이란 점도 상기할 필요가 있다. 권력자에게 약한 사법 실태를 비꼬는 '유전무죄, 무전유죄'라는 표현이 있다. 재력과 권력을 가진 자는 위법 행위를 해도 무죄가 되지만, 아무것도 가진 것 없는 서민은 유죄가 된다는 뜻이다. 이를 두고 일본인이 자국 역사와 관련한 한국의 판단이나 판결을 비난하는 데 사용하려는 의도는 옳지 못하다. '한국은 법치국가임을 부정하고 법을 초월한 국민 정서라는 감정에 따라 사회 규범이 변하는 후진적인 나라'라고 우기고 싶은 바람에 지나지 않는다.

또 다른 언론에서는 '한국 사정에 밝은 문필가'라고 알려진 다지마 오사무의 말을 소개했다.

한국 사정에 밝은 문필가 다지마 오사무는 "안희정, 고은의 의혹이 사실이라며 지위와 명예가 있는 사람을 성희롱으로 몰아세운 건 무엇인가? 그것은 다름 아닌 명성이다. 한국인의 성희롱은 전형적인 권력형 갑질이다. 상사가 부하에게, 교사가 학생에게, 목사가 신도에게, 드물게는 친부가 딸에게 등으로 상하관계를 이용한 형태로 이루어진다. 예를 들어 대학교수가 여학생에게 '학점은 걱정하지 마. 그대신…' 같은 식으로 관계를 강요하는 일이 드물지 않은 것 같다"고 지적한다. _'미투 확대! 한국 성희롱의 독특한 문화적 구조', 《도쿄스포츠》 인터넷판, 2018년 3월 7일

여기서 말한 성희롱의 배경은 어느 나라에나 있는 지극히 일반적인 내용이다. 따라서 한국만의 독특한 문화적 구조라며 비난의 소재로 삼기에는 턱없이 빈약한 설정이다. 더욱이 같은 시기 일본에서 발생한 권력형 성희롱의 전형인 '후쿠다 차관 성희롱 사건'을 상기할 필요가 있다. 재무성 사무차장과 그를 취재한 여성 기자라는 역학관계, 성희롱 사건을 자사 미디어에서 보도할 것을 호소한 기자와 그 호소를 묵살한 상사와의 역학관계, 이후 일어난 피해자에 대한 비난 등 성희롱 문제의 배경은 일본이나 한국이나 별반 차이가 없음에도 다지마는 이를 무시했다. 단순한 무시가 아니라 분명히 알면서도 한국 때리기의 재료로 이용한 것인지도 모른다. 다지마는 《이렇게나 좋았던 조선 지배》(2018년)라는 책을 낼 정도로 일본의 식민 지배가 '좋은 것'이었다고 강변하는 역사수정주의자의 면모가 강하다.

한편 이를 정치적 입장에서 한국 정부를 공격하는 재료로

삼은 예도 있다.

지금의 20대는 남녀평등이라는 가치관 속에서 나고 자란 세대다. 게다가 '여성은 약자'라는 개념도 희박해 성적만 우수하면 여성도 우위를 점할 수 있다는 의식이 있다. 그런데도 여성만 보호받는다고 생각한다. 이는 문 정권 지지율에 확실하게 나타난다. 한국갤럽에 따르면 2017년 5월 문 정권 발족 직후 90%에 가까웠던 19~29세 남성 지지율이 지난여름부터 급락세다. 작년 12월에는 '지지하지 않는다'가 45%로 '지지한다'의 41%를 넘어서는 역전극까지 발생했다. 같은 연령층의 여성 지지율은 63%로 높고, '지지하지 않는다'는 23%에 머물러 대조적인 양상이다.

_ '한국, 문 정권에 젊은 남성 '반기', 여성 정책 비판',
《니혼게이자이신문》, 2019년 1월 26일

한국에서는 여성만 보호받기 때문에 젊은 남성들이 불만을 품게 되었고, 그것이 문재인 정권 비판의 구실이 되었다는 논조다. 미투 운동의 전개에서 보듯 전혀 사실과 다른 일본 언론의 주장은 앞서 소개한 서지현 검사의 고발이 방송되기 며칠 전에 나왔다. 하지만 미투 운동이 활발해지면서 한국 내 보도에서는 '좌파 비판'의 논조가 두드러졌고, 그에 호응이라도 하듯 일본 언론도 정권 비판 논조를 따랐다.

성적 피해를 입은 여성이 남성을 고발하는 미투 운동은 한국에서 커다란 반향을 일으켜 사회적으로 큰 이슈가 되었다. 예능인, 문화인, 대학교수는 물론 정계에까지 확대되었다. 차기 대통령 후보로 거론되던 젊고 유력한 현직 도지사까지 휩쓸리며 사회 전체를 좌지우지할 기세다.

지금까지 거론된 거물급만 해도 노벨 문학상 후보로 여러 차례 오르내린 시인, 연극계 거물, 반일·애국 뮤지컬로 대히트를 기록한 제작자, 국제영화제 수상 경력이 있는 영화감독, 영화배우 등 이름만 들어도 알 만한 인사가 많다. 그런데 대부분의 면면이 평소 진보 성향을 보인 문재인 정권 지지자로서 '좌익·진보파의 추악한 위선'을 노출하면서 문 정권에도 뼈아프게 작용했다.

_구로다 가쓰히로, '서울에서 안녕하세요', 《산케이신문》, 2018년 3월 10일

'좌익·진보파의 추악한 위선'이라고 강조한 부분은 2월 21일

바른미래당 최고의원·중진의원 연석회의 공동대표 유승민의 발언에서 가져온 듯하다. 물론 이 시기 드러난 성희롱, 성폭력 가해자 중 진보파 인사가 두드러진 게 사실이다. 하지만 강자가 약자에게 행하는 성폭력을 규탄하는 미투 운동의 전제는 보수, 진보의 정치 논리와는 완전 별개의 문제다.

앞서 후쿠다 차관의 성희롱 사건과 관련해 아소 부총리가 "(후쿠다가) 덫에 걸려 소송당했을 가능성이 있다고도 한다" (2018년 4월 24일 기자회견)며 정치적 음모설을 내비쳐 문제가 되기도 했다. 성희롱 문제를 마치 정치적 문제인 양 꾸밈으로써 본질을 흐리려는 의도로 보였다. 이는 현재의 권력을 지키려는 쪽과 잃어버린 권력을 되찾으려는 쪽 모두에게 공통되는 추악한 습성이다.

남북 화해 분위기에
찬물을 끼얹다

평창올림픽·패럴림픽으로 조성된 남한과 북한의 화해 분위기는 2018년 4월 27일 남북정상회담으로 이어졌다. 3월 6일 청와대 정의용 국가안보실장은 4월 말 판문점 평화의집(한국 측 시설)에서 남북정상회담을 개최하기로 합의했다고 발표했다. 2000년 김대중-김정일, 2007년 노무현-김정일 회담에 이은 세 번째 정상회담이었다. 한반도 긴장 완화로 동아시아에 새로운 평화공존체제가 마련되기를 많은 이가 기대한 것은 말할 나위도 없다.

정상회담을 통해 확인한 '평화와 번영, 통일을 위한 판문점 선언'(2018년 4월 27일)은 긴장을 해소하기 위한 쌍방 간 노력의 결실이었다.

1. 남과 북은 우리 민족의 운명은 우리 스스로 결정한다는 민족 자주의 원칙을 확인하였으며 이미 채택된 남북 선언들과 모든 합의들을 철저히 이행함으로써 관계 개선과 발전의 전환적 국면을 열어나가기로 하였다.

2. 남과 북은 고위급 회담을 비롯한 각 분야의 대화와 협상을 빠른 시일 안에 개최하여 정상회담에서 합의된 문제들을 실천하기 위한 적극적인 대책을 세워나가기로 하였다.

3. 남과 북은 당국 간 협의를 긴밀히 하고 민간교류와 협력을 원만히 보장하기 위하여 쌍방 당국자가 상주하는 남북 공동연락사무소를 개성 지역에 설치하기로 하였다.

_'평화와 번영, 통일을 위한 판문점 선언' 일부

남북정상회담은 이후 5월 26일 판문점 내 통일각, 9월 18일 평양으로 이어졌다. 5월 회담 한 달 뒤에는 싱가포르에서 사상 첫 북미정상회담도 이루어져 긴장 상태에서 평화체제 확립으로 전환하는 첫걸음을 뗄 수 있을지 모른다는 기대감이 고조되었다. 이런 가운데서도 일부 언론은 '정상회담이 성사될 때마다 남한이 북한에 대가를 지불했다'거나 '문 대통령이 평화 공세로 지지율을 올려 재선을 꾀한다' 따위의 억측을 보도하면서 남북 화해 분위기에 찬물을 끼얹었다.

문재인 정권의 북한 지원 방침은 '국제 동맹보다 민족을 선택했다'는 쪽으로 이해된다. 한미 동맹이 붕괴하고 북한에 종속된다는 한국 보수파의 우려의 목소리가 높아졌다. 한국 정부는 김정은 위원장에게 어떤 제안을 했는지 밝히지 않았다. 한국 언론은 취재 기자를 동행하지 않은 사실을 비판했다. 한국 내에서는 앞선 두 차례 정상회담처럼 많은 외화 자금을 건넸을 가능성도 배제하지 않았다. … 북한이 남북정상회담을 서두르는 이유는 체제 동요 위기에 직면했기 때문이다. 한편 문재인 대통령도 평창올림픽 이후의 지지율 하락에 고민이 깊다. 지지율이 회복되고 헌법 개정에 돌입하기 위해서는 정상회담을 통한 지지율 상승이 필요하다. 헌법이 규정하는 대통령 임기를 1회 5년에서 2회 8년으로 개정하여 장기 집권을 노리는 문 대통령의 야심 또한 드러난다. _시게무라 도시미쓰, '남북정상회담, 왜 하필 이때인가?', 《iRonna》, 2018년 3월 7일

하지만 이처럼 급속한 아시아 정세 변화와 관련하여 일본

정부의 외교적 대응은 사후약방문 수준을 벗어나지 못했다. 이때까지 정부 비판에 나서지 못한 언론도 불안이나 우려를 표명하지 않을 수 없게 되었다.

그런데 북한의 핵 개발과 관련한 6개국 협의를 구성하는 미국, 러시아, 중국, 한국, 일본 중에서 김 위원장은 이미 중국 시진핑 국가주석 및 한국의 문 대통령과 회담을 가졌고, 미국 트럼프 대통령과는 6월에 북미정상회담을 가질 예정이다. 또 러시아 푸틴 대통령과도 가까운 시일 안에 회담을 가질 것이라는 예측이 나왔다.

한편 아베 총리가 김 위원장과 회담을 가진다는 계획은 공표된 바 없다. 이런 상황은 북한 핵 개발 문제가 미국, 러시아, 중국, 한국과 북한 사이에서만 논의되고, 일본은 6개국 협의에서 떨어져 나간다는 것을 뜻한다.

_'남북정상회담과 판문점 선언은 일본에 시련 국면을 초래한다',
《니혼게이자이신문》, 2018년 4월 28일

한국과 북한뿐 아니라 미국, 중국, 러시아를 비롯해 많은 주변국이 이 사안을 긍정적으로 받아들이려는 시기에 유독 일본만 부정적 의견을 주저 없이 내놓았다. 그중 환영만찬회에서 나온 '독도 디저트'는 비난의 주재료였다.

하이라이트는 만찬의 후식이다. '민족의 봄'이라는 이름 하에 봄꽃으로 장식된 망고 무스 위에는 한민족의 결속을 상징하는 통일기가 장식되어 있었다. 이 통일기에는 꼼꼼하게도 0.21평방킬로미터밖에 되지 않은 일본 고유 영토 다케시마(독도)까지 그려져 있었다. 평창올림픽 때 사용한 통일기에는 독도가 없었다. 북한은 통일기에 독도를 넣자고 요구했지만, 한국은 받아들이지 않았다. 하지만 이번에는 당당히 독도를 추가해 그렸다. 당연히 일본 정부는 항의했다. 한국 정부가 외교 무대에서 요리를 이용해 저지른 무례로는 미국 트럼프 대통령에게 독도 인근에서 잡은 새우를 독도 새우라며 제공한 사례가 있다.

_야마다 요시히코(해양경제학자), 《FNN PRIME》, 2018년 8월 4일

이 기사는 이밖에도 냉면, 만두, 쌀, 냉채, 소고기 숯불구이 등의 산지나 정치적 의미 등을 자세히 다루며 요리 전문가의 정치 분석처럼 서술하고 있다. 하지만 이 글의 필자는 해양경

제학자일 따름이다. 그는 수년 전 일본의 '해양 안전보장론'을 거론한 바 있다. 이런 쪽에서는 유명한 사람인 모양이다.

일본은 소야해협, 쓰가루해협, 오스미해협, 쓰시마해협을 봉쇄하고 오키나와 제도의 경비체제에 만전을 기하면 중국이나 한국의 생계를 위협할 수 있다. 아시아 그리고 세계의 바다를 지켜야만 한다.

_야마다 요시히코, 《산케이 West》, 2015년 6월 15일

독도 디저트는 후지TV 〈와이도나 쇼〉에도 입맛을 돋우는 화젯거리를 제공했다.

이즈미야 시게루: 김정은은 나쁜 쪽으로 머리가 잘 돌아가죠. 한 1, 2년 실컷 협박해놓고선 금세 부드러워진단 말이에요. 애초부터 그럴 생각이었던 셈이죠. 이용할 대로 이용하고선 핵보유국이 되고 싶은 거죠.

마쓰모토 히토시: 그런데 이게 사실인가? 디저트에 독도 디자인이라니, 질색이네! 맛있어야 할 후식이 이렇게 쓰디써서야 원!

_후지TV 〈와이도나 쇼〉, 4월 29일

코미디언인 마쓰모토 히토시*는 2017년 12월 아베 총리와 회식을 함께한 사실로 화제가 되기도 했는데, '위안부' 문제와 관련해 아래 기사에서 소개된 발언을 하기도 했다.

예를 들면 한국의 위안부 문제 한일 합의 재고 방침을 이유로 아베 총리가 평창올림픽 개회식 불참 의사를 내비쳤을 때 〈와이도나 쇼〉 또한 이에 보조라도 맞추려는 듯 한국 비판을 전개했다. 마쓰모토는 한일 합의와 관련하여 "(10억 엔을) 돌려달라고 하자 한국은 '돌려줄 수 없다. 성의를 보여라'라고 했다는데, 무슨 성의를 보이란 말인가? 이 물음에 한국은 '생각해보라'라네! (스튜디오 폭소) 뭐 이런 경우가 다 있죠?"라고 말했다.

이 발언은 전혀 사실이 아니다. 일본 정부는 한국에 10억 엔 반환을 요구하지도 않았고, 한국은 정부 예산으로 100억 원을 새로 편성하기로 했다. 즉 한국이 '10억 엔을 돌려줄 수 없다'고 했다는 말은 전혀 사실과 다르고, 오히려 한국이

● 　마쓰모토 히토시는 코미디언, 사회자, 영화감독, 작가, 해설가 등으로 다양하게 활동하고 있는데, 그가 고정 출연하는 후지TV의 〈와이도나 쇼〉는 두 자릿수 시청률을 유지할 만큼 인기가 높다.

남북 화해 분위기에 찬물을 끼얹었다

반환하겠다고 했지만 일본 정부가 받지 않겠다고 했다. 그런데도 마쓰모토는 이런 허위 사실을 주장함으로써 한국의 욕심이 문제를 어렵게 만들었다는 식의 인상을 퍼뜨렸다.

_'어용 저널리스트 대상에 빛나는 사람은?', 《LITERA》, 2019년 1월 1일

제6회 한일 공동
여론조사

일본의 비영리단체 언론NPO와 한국의 싱크탱크 동아시아 연구원EAI은 한일 양 국민을 대상으로 2018년 5월부터 6월에 걸쳐 여론조사를 실시했다. 두 나라 국민의 상대국 이해와 인식 상황 및 관련 변화를 지속적으로 파악함으로써 양 국민 사이의 다양한 인식 차를 해소하고 상호 이해를 촉진하는 데 기여하기 위한 조사였다(제6회 한일 공동 여론조사 개요).

조사 결과 한국에 대한 일본의 여론은 '좋지 않다'가 46.3%, '좋다'가 22.9%로 긍정과 부정 사이에 두 배의 격차가 있었다. 한국에 좋지 않은 인상을 갖게 된 이유로는 '역사 문제에서 일본을 계속 비판하기 때문에'가 69.3%로 가장 많이 꼽혔으며, 2위는 '위안부 문제', 3위는 '독도를 둘러싼 영토 대립'이 차지했다. 언론 조작의 효과로 보이는 '한국인의 애국적 행동과 사고방식을 이해할 수 없다', '한국인의 행동은 감정적이다' 등이 그 뒤를 이었다.

한편 한국인의 일본에 대한 인상은 '좋지 않다'가 50.6%, '좋다'가 28.3%였다. 좋지 않은 이유로는 '역사를 올바로 반성하지 않는다', '독도를 둘러싼 영토 대립'이 상위를 차지했다.

'한일 역사 문제에서 해결해야 할 문제는 무엇인가?'(복수 응답 가능)란 질문에서 일본인의 응답은 '한국에서의 반일 교육'이 64%, '한국인의 과격한 반일 행동'이 57%로 나타났다. 한국 정부가 반일 정책을 전면에 내세워 정권 유지의 지지대로 삼는다는 인식은 한국 비판의 단골 메뉴다.

'반일'이라는 한 단어로 뭉뚱그려 비난을 퍼붓는 수법은 대형 언론사만의 전유물도 아니다. 2018년 2월에는 보험의협회라는 단체의 회보조차 한국의 '반일' 행동을 비난하는 글을 실었는데, 그 조잡한 내용에 입이 다물어지지 않는다.

이명박 임기 말부터 현재에 이르기까지 반일의 불꽃으로 타오르는 한국은 사실 **반일파와 친일파가 고구려 시대부터 공존한 나라다.** 어느 쪽으로 기우느냐는 내정 문제라고도 할 수 있다. 이 이웃은 극단적으로 애국심이 강하고 자존심도 세다. **지금의 한국은 반일단체인 한국정신대문제대책협의회(정대협)가 배후에서 조종한다는 보도까지 있을 정도다.** 대한민국 국가정보원에 따르면, 이 단체는 북한 공작기관과 연계하여 북한의 이익을 대변하는 친북단체로서 활동하기도 한다.

메이지유신 때 한반도는 고구려 이후 국토를 통일한 이씨 조선이 다스리던 때로, 이씨 왕조의 장기 집권 시기였다. 한류 드라마에서는 미화되어 있지만, 말기에 이씨 왕조는 정권을 유지하기에 급급해 국민을 노예나 다름없이 취급하는 나라였다. 지금의 북한을 상상하면 된다.

_이노쿠치 히로시(보험의협회 상임이사), '한국은 왜 반일인가?',
《사가현 보험의협회신문》, 2018년 2월 15일

고구려는 기원전 37년부터 기원후 668년까지 한반도 북부를 지배한 나라로, 한때 중국 일부까지 영유했다는 기록이 있다. 고구려는 백제, 신라와 함께 삼국시대를 이루었는데, 특히 일본과 교류가 깊었던 백제와 비교할 때 '반일'이나 '친일'의 개념 자체가 없었다고 해도 무방할 만큼 일본과의 관계가 희박했다. 게다가 '고구려 이후 국토를 통일한 이씨 조선'이 라는 기술은 역사적 사실을 아예 무시한 오류다. 이씨 왕조라 불리는 조선의 개국은 1392년으로, 두 나라 사이에는 무려 700년이라는 시차가 존재한다.

또한 반일 선동의 중심인 한국정신대문제대책협의회(현 정의기억연대)가 한국 정부를 뒤에서 조종하며, 이 단체는 북한 공작기관과 연계된 친북단체라고 주장한다. '위안부' 피해자 입장에 서서 일본에 책임을 묻는 이 시민단체를 '북한의 앞잡이'라고 매도한 곳은 《미디어워치》나 《이데일리》 같은 한국의 우익 언론이었다. 하지만 정의기억연대 측의 명예훼손 소송에서 1, 2심 모두 허위 사실 유포가 인정되어 손해 배상 명령을 받았다.

또 박근혜 정권과 아베 정권이 '불가역적, 최종적'으로 합의했다는 2015년 '위안부' 합의에 비공개 조항(이면 합의)이 있었다는 사실도 밝혀졌다. 관련 시민단체를 설득하고 '성노예'라는 표현을 사용하지 않는다는 등의 일본 측 요구를 받아들인 사실이 알려진 것이다. 당시 국가정보원장이 일본 측과 교섭을 진행했으므로 국가정보원이 시민단체에 '친북단체'라는 이미지를 덧씌웠을 것이라고 어렵지 않게 추측할 수 있다.

'반일 교육'과 관련해서도 문재인 정권이 계승한 노무현 정권의 방침을 비난하는 방식 또한 한국의 보수 언론과 일맥상통한다.

시대를 넘어 반복되는 '친일파 사냥'을 지탱하는 것이 한국의 반일 교육이다. 현재의 대학생까지 아우르는 젊은 층은 노무현 정권 시기인 2007년에 마련된 교육과정으로 고등학교까지 교육받는다. 이 교육과정에 따르면 중학교에서 처음으로 '역사'가 독립된 과목이 되어 충실한 역사 교육을 도모한다. 지금도 시행 중인 이 교육은 일본의 식민 지배를 모두 '악'으로 규정하는 '올바른 역사'를 한국 젊은이에게 주입하고 있다.

문재인 대통령은 위안부 문제의 재탕, 징용공 문제의 배상 청구를 대한민국의 민의로 보고 반일 정책의 끈을 단단히 죄고 있다. 한편 한국 사회에서는 자기 정화 차원에서 친일파 사냥이 횡행하며, 근대 한국의 기반을 닦은 공로자와 그 자손을 가차 없이 규탄한다. 반일의 기치를 내세운 한국은 참으로 살벌한 사회다. ＿'활발해지는 한국의 '친일파 사냥'

＿ 노무현 반일 정책의 구현', 산케이 디지털 《iza》, 2018년 4월 16일

어느 대통령은 대한민국 건국사를 "정의가 패배하고 기회주의가 득세한 역사"로 규정했다. 전교조는 정부 수립을 이끈 초대 대통령과 한강의 기적을 일군 대통령을 '친일파'와 '미국의 꼭두각시'로 조롱하는 동영상을 어린 학생들에게 수업시간에 틀어주었다. _《조선일보》 사설, 2018년 8월 16일

'일본의 식민 지배를 모두 악으로 규정'하는 것을 부정하는 의견은 한일회담 당시 일본 측 수석대표 구보타 간이치로가 "식민 지배에도 좋은 점은 있었다"라고 한 발언과 같은 맥락이다. 또 '자기 정화 차원에서 친일파 사냥이 횡행'한다고 단언했지만, 이는 식민 지배의 책임을 일본에만 묻는 것이 아니라 내부 협력자인 자국민을 비난하는 태도여서 이것이 과연 일본인에게 비난받을 거리가 되는지 의문이다. 하긴 일본에서는 자국 역사를 비판적으로 다루면 '자학사관'이라고 비난하기 일쑤니 저런 표현도 불가능하지는 않아 보인다.

위의 기사에서 언급한 '근대 한국의 기반을 닦은 공로자'란 누구를 가리키는 것일까? 노무현 대통령 직속 기관으로 발족한 친일반민족행위진상규명위원회의 2009년 보고서에는 친일 인사 1006명이 등장한다. 같은 해 민간단체인 민족문제연

구소가 발행한 《친일인명사전》(전 3권)에는 4776명의 이름이 망라되었다. 《친일인명사전》에는 다카키 마사오라는 일본 이름으로 "진충보국盡忠報國, 멸사봉공滅私奉公"의 혈서를 쓰고 신징新京 군관학교에 입학해 황국 군인의 길을 걸은 박정희의 이름도 올랐다. 그는 국민의 반대를 일축하고 한일조약을 체결해 오늘날 '위안부' 문제와 징용공 문제의 화근을 남긴 장본인이기도 하다.

이쯤에서 반일 교육과 관련한 비판을 정리해보자. 이른바 '반일 교육'이라고 지적받는 첫 번째 사항은 독도 영유권을 한국의 학교 교육에서 다룬다는 점이다. 하지만 이는 일본도 마찬가지여서 일방적으로 한국만 탓할 수는 없는 노릇이다. 문부과학성은 2008년 중학교 사회과 학습지도 요령 해설서에 '다케시마(독도)는 일본의 고유 영토'라고 명기했다. 또 '다케시마를 둘러싼 일본과 한국의 주장에 서로 다른 점이 있다는 사실도 언급함으로써 북방 영토와 마찬가지로 일본 영토와 관련해 깊은 이해가 필요하다'는 내용을 담았다. 해설서는 법적 구속력이 없는 것으로, 2010년 초등학교 5학년 사회 교과서 5종 모두에, 그리고 2011년 검정을 통과한 중학교 교과서 17종 중 14종에 '다케시마는 일본의 고유 영토'라는 내용이 실렸다.

두 번째 사항은 한국에서 '위안부'와 관련해 사실을 왜곡해 가르친다는 주장이다. 2018년 3월 5일 자 《경향신문》은 한일 '위안부' 합의 직후인 2016년에 배포된 사회과학 교과서에서 삭제되었던 '위안부'라는 표현이 되살아났다고 보도했다. 2016년 교과서에는 "끌려간 사람들 중에는 여성들도 많았는데, 그중 강제로 전쟁터에 끌려간 젊은 여성들은 일본군에게 많은 고통을 당하였다"라고 기술되었지만, 새로운 교과서에서는 "식민지 한국의 여성뿐 아니라 일제가 점령한 지역의 여성들까지 강제로 일본군 '위안부'로 끌려가 모진 고통을 당했다"라고 바뀌었다.

하지만 '위안부'의 존재 자체를 사실이 아니라고 주장하는 일본의 자칭 애국주의자들은 과거나 지금이나 일본 정부의 행위가 비판받아서는 안 된다는 강한 신념으로 무장하고 '위안부'를 '자발적 매춘부'라고 부른다. 그들의 주장은 이렇다. '죽음의 공포와 싸우며 하루하루를 보낸 전장의 병사들에게는 성욕의 해소가 가혹한 스트레스를 완화해주는 역할을 했다(구매자 입장). '매춘부'들은 조금이라도 많은 돈을 벌기 위해 전장에서 병사들을 상대했다(판매자 입장). 그러므로 결과적으

로 수요와 공급의 의사가 일치해 성립된 비즈니스다.'

그런데 진정으로 그렇게 생각하는지 되묻고 싶다. 일본군의 야만 행위는 도덕적, 인간적으로 비난받을 일이 아니라며 옹호하는 반면, 한국인에게는 자신들 사정으로 매춘한 주제에 이제 와 사죄와 보상을 요구하는 후안무치한 사람들이라는 이미지를 덧씌워도 괜찮은가?

세 번째 사항은 '일본의 식민 지배를 모두 악으로 규정한다'는 점이다. 1953년 열린 한일 국교 정상화를 위한 제3차 한일 회담이 일본 측 수석대표 구보타 간이치로의 발언으로 결렬되고 이후 4년 반 동안 열리지 않았다는 사실을 상기할 필요가 있다. 당시 구보타는 **"총독 정치의 좋은 점, 예를 들면 민둥산이 초록색으로 바뀌었고, 철도가 놓였으며, 항만이 건설되었다. 또 쌀을 생산하는 논도 많이 늘었다. 이런 것들을 한국의 요구와 맞바꿀 수 있지 않겠느냐"**라고 했다(참의원 수산위원회 질의 중 구보타의 답변, 1953년 10월 27일). 식민 지배를 정당화하는 이들은 그때나 지금이나 한결같이 식민 지배 시절의 갈취, 약탈, 인권 유린, 고문, 살인, 문화 말살 등에는 눈 감은 채 중국 침략 기지로서의 인프라 정비에 불과했던 개발 정책을 두고서 '일본의 원조가 있었기에 한국이 근대화를 이루고 오늘

날 발전의 기틀을 마련했다'고 강변한다.

마지막으로 '상대국 정상의 이미지'와 관련해 다음의 변화는 시사하는 바가 크다. 2018년 제6회 한일 공동 여론조사에서 문재인 대통령에 대한 일본인의 이미지는 '(좋은지 나쁜지) 판단하기 어렵다'와 '모르겠다'를 더해 59.2%로 나타났다. 이는 '매우 나쁘다'와 '나쁜 편이다'를 더한 24.5%를 크게 웃도는 수치로, 이웃 나라 정상에 아직 특별한 관심이 없음을 보여준다. 같은 질문에 한국인의 74.6%가 아베 총리를 '나쁘다'고 평가한 것과 대조된다.

그런데 2019년 제7회 한일 공동 여론조사에서는 문재인 대통령에 대한 이미지가 '매우 나쁘다'와 '나쁜 편이다'를 더해 50.8%로 전년 대비 두 배 이상 늘었다. 일본이 지난 한 해 동안 한국 때리기에 얼마나 열심이었는지를 보여주는 결과다.

문재인 정권 공격의 도화선,
6·13 지방선거

2018년 6월 13일 한국에서는 지방자치단체장과 지방의회의
원을 뽑는 선거를 시행했다. 직접 국정을 좌우하는 국회는
2016년 4월 선거에서 당선된 국회의원들이 그대로 이끌고 있
었고, 이들에 대한 심판은 2020년까지 기다려야 하는 상황이
었다(2020년 4월 15일 국회의원 선거에서 300석 중 180석을 더불어
민주당이 차지하면서 형세는 완전히 바뀌었다). 파면된 박근혜 전
대통령의 정당인 자유한국당(현 국민의힘, 선거 당시 새누리당)은
당시 더불어민주당과 거의 같은 의석을 차지하고 있었고, 대
통령 파면에도 불구하고 더불어민주당의 정책에 사사건건 반
대하며 국정 운영, 특히 촛불혁명을 통해 국민이 절실하게 요
구한 '적폐 청산'에 제동을 걸었다. 따라서 6·13 지방선거는

여당인 더불어민주당 입장에서는 문재인 정권 1년의 평가 지표가 되고, 자유한국당 입장에서는 보수의 역습과 당의 세력 회복이라는 사명이 걸린 선거였다.

하지만 결과는 예상을 한참이나 벗어난 더불어민주당의 압승으로 끝났다. 더불어민주당은 광역시장 17명 중 14명, 그 외 시군구의 장 226명 중 151명, 서울 구청장 25명 중 24명을 당선시켰고, 대통령 지지율 또한 70~80%까지 끌어올렸다. 1년 전 대통령 선거 때를 재현한 결과로, 민생보다 권력 투쟁에 몰두하는 보수 야당을 국민이 심판한 셈이다. 자유한국당은 그들의 굳건한 지지기반인 대구, 경북에서만 당선을 확정지었을 뿐이다. 참패의 책임을 지고 홍준표 대표는 사임했다. 전체 투표율은 60.2%로 비교적 높아 민의가 반영된 선거였음을 여실히 보여주었다.

'보수 괴멸'이라는 위기에 직면한 보수 진영은 지도부 전면 교체라는 응급처치와 국민에게 절을 올리는 퍼포먼스를 보였다. 하지만 이는 국민의 심판을 겸허하게 받아들이고 뼈를 깎는 개혁을 통해 재기의 발판으로 삼겠다는 뜻이 아니었다. 얼마 지나지 않아 2년 뒤 있을 총선에서 이번의 수모를 갚기 위해 갖은 수단과 방법을 동원한 선거 전략으로 살아남겠다는 길을 택했다.

그리고 선거 결과에 대한 여론의 질타가 수그러든 8월 이후 보수 일간지 《조선일보》는 연일 정부 비판 기사를 내보냈다. 이 시기 《조선일보》의 반정부 캠페인은 문재인 대통령 광복절 축사에서 나타난 역사관 비판을 도화선으로 삼았다. 정부를 수립한 초대 대통령과 한강의 기적을 이룬 대통령을 '미국의 꼭두각시', '친일파'라고 모욕한 전국교직원노동조합(전교조)과 뜻을 같이하는 문재인 대통령을 대한민국에 번영을 가져온 자유민주주의를 말살하려는 편협한 민중사관주의자라며 규탄하고 나섰다.

다음 날 사설에서는 한국원자력학회가 실시한 조사에서 응답자의 71.6%가 원자력 발전을 지지하고 26%만이 반대했음에도 현 정권이 근거 없는 직관으로 탈원전이라는 잘못된 에너지 정책을 추진한다고 비난했다. 이어 18일 자 사설에서는 '정부의 독선이 빚은 일자리 파국'이란 제목으로 정부의 실업 대책을 공격했고, 20일 자 기사에서는 '탈원전, 북 인권 침묵, 방위사업 방치… 한국당, 문 정부 100대 실정 선정'이란 제목으로 제1야당인 자유한국당의 입장을 대변하며 정권 공격의 첨병 역할을 자임했다.

《조선일보》, 《동아일보》와 나란히 3대 보수지인 《중앙일보》도 문재인 정권이 추진하는 소득 주도 성장 노선을 규탄하며 8월 20일부터 거의 매일 비판의 칼날을 여당과 대통령을 향해 겨누었다. 소득 주도 성장이란 최저임금을 올려 소비를 촉진함으로써 경제활동의 저점을 높이겠다는 것이다. 하지만 중소 영세기업 입장에서는 인건비 상승으로 고용에 제동을 거는 하책이라며 격한 비판이 일었다. 이 시기 《중앙일보》의 헤드라인만 열거해도 그 집요함을 엿볼 수 있다.

또 "기다려 달라"는 청와대 … 소득 주도 성장에 반성은 없었다(8월 20일)

현실 외면한 청와대와 여당의 소득 주도 성장 집착(8월 22일)

나라 밖에서도 쏟아지는 소득 주도 성장에 대한 우려(8월 23일)

양극화 참사에 "소득 주도 성장 필요하다"는 청와대 잠꼬대(8월 24일)

소득 주도 성장을 놓아야 할 다섯 가지 이유(8월 25일)

오기와 독선으론 실패한 소득 주도 성장 되살리지 못한다(8월 27일)

"우리 소득만 왜 줄이느냐"는 소상공인 외침에 귀 기울여야(8월 30일)

앞서 이야기했듯《중앙일보》는 재벌그룹 삼성의 계열사다. 대기업을 지원하면 결과적으로 저소득층에게까지 혜택이 돌아간다는 낙수효과를 주장하고 싶은 건지는 모르겠지만, 그 원류인 '아베노믹스'는 기업에 내부 유보를 제공해도 노동자에게 환원되는 일이 없었다는 평가가 적지 않다.

하지만 9월 18일 세 번째 남북정상회담을 앞둔 한국에서는 문재인 정권이 주도하는 새로운 긴장 완화 정책에 기대를 거는 분위기가 커서 이들 보수 언론이 노린 만큼 반정부 여론이 확산하는 일은 일어나지 않았다.

다시 등장한 욱일기 문제,
제주도 국제관함식

2018년 10월 10일부터 나흘 동안 해상 군사 퍼레이드인 국제 관함식이 제주도에서 열렸다. 한국에서는 1998년과 2008년에 이어 세 번째 행사였다. 이전에는 부산 해상에서 거행했는데 이번에 제주도로 결정한 것은 서귀포시 강정마을에 조성한 해군기지를 홍보하기 위해서라는 말이 있었다.

원래는 대형 크루즈선도 댈 수 있는 군민복합형 관광 미항으로 만든다는 명분을 내세웠지만, 결과적으로는 생태계를 파괴하고 평화의 섬 제주를 군사기지화하는 데 반대하는 주민 의견을 무시한 채 군사기지를 건설했다. 강정 해군기지의 건설은 일본 정부와 오키나와 주민이 대립한 오키나와 헤노코 기지 건설과 닮았다. 어쨌든 국제관함식은 제주도 개최의

정당성 문제와는 별개로 한일 양국 간 역사 인식 문제의 재연
이라는 의미에서 큰 주목을 받았다.

9월 28일 일본 언론은 한국 측이 일본 해상자위대에 자위함
기인 욱일기를 게양하지 말도록 요청했다고 보도했다. 당시
오노데라 방위상은 "자위대법이나 유엔 해상법 조약에도 게양
의무가 있는 욱일기를 내릴 수는 없다"며 즉각 거부 의사를 밝
혔다. 일본 언론은 욱일기는 국가 주권의 상징이므로 이를 내
리라고 하는 것은 주권 침해 행위라며 목소리를 높였다.

이번 관함식과 관련해 한국의 해군 관계자는 해상 써레이
드 중에 자국 국기와 한국 국기만 게양하도록 참가국 15개
국에 통지했다. 하지만 이는 한국 내 여론을 배려해 욱일기
를 사용하지 못하게 한 조치로밖에 생각되지 않는다. 이성
을 상실한 한국의 '엉터리 요구'에 일본 측은 어처구니없다
는 반응이다. 한 해상자위대 간부는 "국적을 나타내는 자위
대 군기는 국가 주권의 상징이기도 하다. 내리라는 요청은
몰상식하고 무례한 행위로 받아들일 수밖에 없다"고 했다.

_ '비상식 한국에 방위성 "NO". "욱일기 게양 자숙" 억지 요구 단호히 거절',
석간 후지 《zakzak》, 2018년 10월 1일

다시 등장한 욱일기 문제, 제주도 국제관함식

또 다른 신문은 퇴역한 해상자위대원의 말을 인용해 욱일기 자숙 요청은 대사관에 국기를 게양하지 말라는 말과 같다며 상황을 비약했다.

만약 일부 일본인이 도쿄 소재 한국대사관에 태극기가 게양된 것을 보고 '마음에 안 드니까 자숙하라'는 운동을 시작한다면 우리 일본인은 어떻게 생각할까? '한국에 실례니 그만두라'는 여론이 일어날 것이다. 그 반대도 마찬가지다. 한국인이 서울의 일본대사관에 게양된 일장기를 보고 '마음에 안 드니까 치우라'고 항의한다면 일본의 여론은 지금보다 민감하게 반응할 것이다. 욱일기 자숙 요청은 '국기를 게양하지 마라'라는 요청과 같다. _《데일리신초》, 2018년 10월 6일

'무례', '몰상식'이라는 표현과 더불어 한국 정부의 대응을 두고 일본에 대한 '외교적 무지', '몰이해'가 초래한 일이라고도 했다. 이와 관련해 어느 뉴스 해설자는 다음과 같이 말했다.

한국의 자숙 요청은 어디에 기원을 두는가? 한일 관계에 정통한 고베대학교 대학원 기무라 간 교수는 "한국의 대통

령 관련 기관이 욱일기에 반대하는 국회와 여론의 움직임을 오해하고 일본의 대응을 잘못 파악해서 생긴 사안으로, 문 정권 측 일본 담당자의 질적 저하와 좌충우돌식 대응의 발현"이라고 지적했다. 더욱이 남북회담이나 한미회담 등 정상 외교를 한국의 대통령 기관이 높게 평가해 내셔널리즘이 고양되었기 때문에 외교적 배려에 신경 쓰지 못한 것으로 분석했다. _FNN 〈프라임뉴스 이브닝〉, 2018년 10월 12일

결국 10월 5일 일본은 국제관함식에 불참한다고 발표했다. 관함식이 끝난 뒤에도 일본 언론은 한국이 다른 나라에 국기만 게양하도록 요청하고도 대통령이 승선한 군함에는 과거 임진왜란 때 조선 수군을 지휘한 이순신의 영예를 상징하는 깃발을 게양했다며 비난했다.

여당인 더불어민주당은 "전범국으로서 최소한의 부끄러움도 모른다"거나 "한국 해군의 역사적 상징인 수군 대장기와 우리 영토를 침략한 가해국이 전쟁 범죄에 사용한 욱일기를 비교할 수 있겠는가?"라고 반발하며 "일본은 과거사를 철저히 반성하고 사죄하라"고 요구했다. 덧붙여 "동아시아

의 미래에 일본은 없다"고도 언급했다.

한국에서 흔히 볼 수 있는 여론을 의식한 주장이다. 한일 관계와 국민감정을 비교할 때 국민감정에 더 큰 무게를 둔다. 이것이 바로 한국의 실태다. 다른 나라에는 아무 말도 못 하면서 일본에만은 '역사'를 핑계 삼아 무슨 말이든 한다. 그만큼 일본을 우습게 보는 셈이다.

_산케이 디지털 《iza》, 2018년 10월 21일

한국과 일본의 역사 문제가 수면 위로 떠오를 때마다 일본 언론은 늘 한국의 '몰상식', '몰염치'를 감정적으로 비난하지만, 한국이 왜 그런 주장을 하는지에는 관심조차 없다. 그야말로 언론이 갖춰야 하는 기본자세와 공정성이 부족하다고 할 수밖에 없다.

그렇다면 한국인은 왜 욱일기에 거부 반응을 보이는가?《아사히신문》과 《마이니치신문》은 욱일기 게양 자숙 요청과 관련해 "(일본에 의한) 식민 지배의 아픔을 기억하는 한국인의 마음에 욱일기가 어떤 역할을 하는지 일본도 좀 더 자세히 생각해볼 필요가 있다"고 한 이낙연 국무총리의 국회 답변을 소개했지만 그 이상의 설명은 없었다.

욱일기는 메이지 시대 초기인 1870년에 일본제국 육군의 상징으로 제정되었으며, 1889년에는 해군에서도 정식 군기로 제정되었다. 1874년 천황 친위대인 근위보병연대에 천황으로부터 군기가 전달되었고, 이후 전국 각지의 보병연대, 기병연대, 포병연대에 수여되었다. 따라서 이는 단순한 군의 상징이라기보다 천황의 분신으로서 최대의 경의를 표하는 대상이 되었다. 1938년 발행된《군함기 제정 50주년에 즈음하여》(해군성 해군 군사 보급부 편)는 욱일기가 의미하는 바를 다음과 같이 기록했다.

우리 군함기는 주지하는 바와 같이 붉은 일장으로부터 16개의 광선이 사방으로 뻗어가는 모양을 나타내는 것으로, 이는 말할 나위 없이 '천황의 위광을 사해에 비추라'는 뜻에 다름 아니다.

욱일기는 천황, 즉 대일본제국의 위광이 전 세계에 미치는 모양을 상징한 것으로, 이 기록으로 볼 때 욱일기에 나타난 해는 단순한 아침 해가 아니다. 따라서 군 기념일에는 반드시 연대장이 군기를 향해 '받들어 칼!'의 예를 갖추고 병사들은

'받들어 총!'의 자세를 취했다. 부대 인근 주민과 친목을 다지는 행사인 군기제도 매년 열렸다. 동남아시아나 중국 등 점령지에 일본군 부대가 입성할 때도 선두에는 늘 군기가 나부꼈다. 행사에서 기수 역할을 맡은 적 있는 어떤 이의 회고록에는 다음과 같은 구절이 있다.

4월 18일, 드디어 연대는 만주로 출발했다. 나는 만개한 벚꽃 속에서 연대의 선두에 서서 군기를 받들고 마쓰모토역으로 향했다. 마쓰모토역까지 이어진 길을 따라 시민들이 넘쳐났고, 군기를 한 번이라도 더 보려고 밀고 밀리는 군중에게서 격려와 이별의 열기를 느꼈다. 당시 황군은 연전연승 중이었고, 만주 들판에 펄럭일 우리 연대 군기에 시민들은 뜨거운 기대를 담아 무운장구를 빌어주었다.

_ 니시노미야 마사야스, 〈육군과 군기〉, 《함께 가자》, 2014년 7·8월호

군함기 제정 50주년이 되던 해부터 시작된 조선인 특별 지원병 제도는 1944년에 징병제로 바뀌었다. 이로써 식민지 조선의 젊은이들이 일본의 침략전쟁에 직접 내몰리게 되었고, 그들이 행진하는 선두에서도 욱일기는 나부꼈다.

이런 역사를 돌아볼 때 "욱일기 디자인은 풍어나 출산 기원 또는 명절 등을 기리는 깃발로 일본 국내에서 널리 쓰이는 것으로, 군국주의의 상징이라는 지적은 전혀 옳지 않다"라고 한 외무성과 관방장관의 설명은 단순 디자인으로서의 욱일 모양과 해상자위대가 군기로 사용하는 욱일기의 차이를 의도적으로 감추려는 속임수라고 할 수밖에 없다. 한국인에게 욕설을 퍼붓고 생명의 위협마저 느끼게 하는 증오 발언과 더불어 욱일기가 나부끼는 모습을 지금도 우리는 혐한 시위 현장에서 두 눈으로 똑똑히 목격하고 있기 때문이다.

징용공 배상 판결을 내린
한국 대법원

2018년 10월 30일 한국 대법원은 식민 통치하의 한반도 소재 군수 공장에서 비인간적 노동에 종사한 원고 네 명에게 피고 신일철주금(구 일본제철)이 배상금을 지급하라고 판결했다. 2013년 서울중앙지방법원에 첫 소송을 낸 지 5년 만의 사법부 판단이었다. 이 판결이 보도되자 일본 정부는 즉각 비난 성명을 발표했고, 언론은 일제히 한국 측 판결과 이를 옹호하는 한국 정부에 맹렬한 비난을 쏟아냈다.

징용공 문제는 욱일기 문제, '위안부' 문제와 마찬가지로 역사 인식의 문제로, 한일 간 역사를 둘러싼 쟁점이 순식간에 표출되었다. 이는 이듬해인 2019년의 경제 보복 조치와 그에 대항하는 일본 제품 불매 운동을 일으키는 방아쇠가 되기도 했다. 더욱이 앞으로 일본 기업을 상대로 이 같은 판결이 계속 될 것으로 예상된다.

중요한 사항은 이러한 상황에서 '일본 기업이 배상 책임을 진다'는 위기감을 부채질하여 바야흐로 한국이 일본을 공격하는 '적국'이 되어가고 있다고 각인시키려 한다는 점이다. 이전까지 한국은 '다루기 어렵고 이해하기 힘든 나라'로 조소와 모욕의 대상이었다. 그런데 이제 북한, 중국과 함께 일본의 평화와 안전을 위협하는 존재로 꾸며지기 시작했다.

징용공과 관련해 2018년 현재 총 15건의 소송이 제기되었는데, 대상 기업은 70곳을 넘어선다(《니혼게이자이신문》, 2018년 10월 30일). 따라서 이 판결을 인정하면 일본 기업에 커다란 압박으로 작용한다. 그뿐만 아니라 일본의 식민 지배나 전쟁 책임은 이미 끝난 사안으로 결론 낸 일본 정부의 입장이 위협받을 것 또한 자명하다. 그날 저녁 즉시 NHK는 이 판결의 심각성을 주제로 해설 방송을 내보냈다.

오늘 판결은 '**식민 지배는 불법적이고 강제적인 점령이었다**'라고 못 박은 뒤 '식민 지배와 직결된 불법 행위 등은 청구권협정의 대상에 포함되지 않는다'며 신일철주금에 배상

징용공 배상 판결을 내린 한국 대법원

을 명했습니다. 이 논법대로라면 식민지 시대에 이뤄진 모든 일이 불법 행위로 간주되어 당시의 징용공, 위안부에 그치지 않고 군인, 군속, 원폭 피해자들로부터도 피해 배상을 요구하는 청구가 뒤를 잇게 됩니다. **피고가 되는 일본 기업은 끝도 없는 배상 책임을 져야 하는 사태**로 발전할 수도 있습니다. 쌍방의 외교적 노력으로 이미 끝난 문제를 다시 문제 삼거나 규정이 바뀌었다고 하면 어쩔 도리가 없겠습니다.   _이데이시 다다시 해설위원, '징용공 판결의 충격',

NHK 〈시사공론〉, 2018년 10월 30일

NHK는 판결의 문제점을 정리하고 판결이 초래할 영향에 대해 경종을 울렸다. 핵심은 '식민 지배는 불법적이고 강제적인 점령이었다'라며 '식민 지배는 합법이었다'라고 주장하는 일본 정부의 역사관을 부정한 것, 그리고 이후 '일본 기업이 끝도 없는 배상 책임을 져야 할 수도 있다'는 공포심이었다. 이런 주장은 이후의 여러 언론 보도에서도 그대로 이어져 한국 비판의 대합창을 주도하는 근간이 되었다.

다음 날인 31일 신문사마다 사설을 통해 일제히 이 판결을 비판했다.

한국 대법원은 2012년에도 징용공들의 개인 청구권 행사가 가능하다는 판단을 내비쳤다. 그 후 이어진 대법원 심리에서도 반일 민족주의에 영합하여 불합리한 인정을 답습했다. _ '징용공 판결, 한일협정에 반하는 배상 명령이다', 《요미우리신문》

일방적으로 조약이나 협정을 바꾼다면 국제법 규범을 왜곡하고 한일 관계에 커다란 대립이 생기는 것을 피할 수 없다. _ '한국 대법원의 징용공 판결, 조약의 일방적 해석 변경', 《마이니치신문》

일본 측은 징용공 청구권 문제가 '해결 완료'라는 입장을 유지하고 있으며, 한국 정부에는 어디까지나 국내 문제로서 대처하기를 요구하는 것이 중요하다. _ '한일 관계의 근간을 흔드는 징용공 판결', 《니혼게이자이신문》

근거 없는 요구에 굴복하면 더 강한 요구를 초래한다. 위안부 문제를 포함해 일본 정부는 사죄 외교의 잘못을 반복해서는 안 된다. 국가 간 약속을 파기하고 국제 신용을 잃는 것은 결국 한국이다. _ '항의만으로는 끝나지 않는다', 《산케이신문》

징용공 배상 판결을 내린 한국 대법원

식민 지배의 과거를 끌어안으면서도 일본과 한국은 경제 협력을 포함해 많은 우호를 쌓아왔다. 하지만 한국 대법원 은 이런 관계의 근간을 뒤흔들 수밖에 없는 판결을 내렸다.

_ '징용공 재판, 축적을 없애지 않는 대응을', 《아사히신문》

한국과 일본은 1965년 '한국과 일본 사이의 기본 관계에 관한 조약'(이하 한일조약)을 체결함으로써 전후 20년이 지나서야 비로소 국교를 정상화했다. 일본 정부는 당시 한일조약과 함께 체결한 '한일청구권협정'에 따라 식민 지배와 관련한 피해 보상 문제는 모두 해결되었다고 본다. 그 바탕에는 '식민 지배는 한일 쌍방의 합의에 근거한 합법적인 것'이라는 인식이 있다. 이러한 일본 정부의 입장에 따라 언론은 한국 대법원 판결이 청구권협정의 부당한 해석 변경이자 한일조약의 근간을 뒤엎는 것이라고 단죄했다. 게다가 이런 판결을 내린 이유가 '반일 민족주의에의 영합'이라고 못 박고, 일본 정부에 '사죄 외교의 잘못을 반복하지 마라'며 강경 자세를 부추겼다.

유일하게 《아사히신문》 사설만이 "정부가 협정 관련 견해를 유지하는 것은 당연하다고 하더라도 많은 사람에게 강제 동원이나 가혹한 노동을 강요한 역사적 사실을 인정하는 일에 어정쩡한 태도를 보여서는 안 된다"라며 대법원 판결이 보여준 문제의 본질을 제시했다. 하지만 식민 지배의 실태나 합법성과 관련해 국민적 논의를 촉구하는 후속 보도는 나오지 않았다. 오히려 《아사히신문》은 같은 날 지면에서 서울지국장 마키노 요시히로의 다음과 같은 해석을 실었다.

한국에서는 대통령이 사법기관을 포함한 인사나 예산 등의 권한을 쥐고 '황제와 국왕의 힘을 한 손에 거머쥔 권력'(대통령 직속 기관 근무 경험자)을 가진다. 한편 정치가 여론에 영합하기 쉽다는 뜻으로 '법 위에 국민 정서법이 있다'는 말도 있다. 이번에도 여론의 지지를 얻기 위한 정치 게임에 징용공 문제가 얽히게 되었다고 볼 수 있다.

_'한일 관계의 전제를 뒤엎다', 《아사히신문》, 10월 31일

마키노 요시히로는 한국 대통령을 황제나 국왕에 빗대어 그 존재감이 전근대적이라는 이미지를 만들고, '여론의 지지를 얻기 위한 정치 게임'을 한다며 조롱했다. 또 '법 위에 국민 정서법이 있다'라는 표현으로 한국은 준법정신이 결여된 나라고, 그래서 대중에 영합해 정책이나 사법부 판단이 그때그때

징용공 배상 판결을 내린 한국 대법원

달라진다는 그릇된 인상을 심어주려 했다. 앞서 '미투 운동을 보는 시선'에서 살펴본 대로 오선화 교수도 똑같은 지적을 했다. 이 표현은 한국이 근대적인 법치국가가 아니라고 비난할 때 곧잘 쓰는 말인데, 이미 효력을 잃어가고 있다. 그런데도 《아사히신문》마저 이런 낡은 표현을 무심하게 인용하며 마치 요즘의 한국을 표현하는 말인 양 사용한 것은 편견을 확대 재생산하려는 혐한 언론과 별반 다르지 않은 태도다.

TV 방송들 또한 정부 입장에 서서 한국에 대한 비난을 확산했다. 특히 이번 징용공 문제와 관계가 없는 한국의 갑질 사건을 새삼스럽게 끄집어내어 한국에 대한 편견을 확대하고자 하는 저의가 느껴지기도 했다.

한국미래기술 회장은 폭행 외에도 함께 고기를 먹던 부하 직원의 머리를 고기 간의 색으로 염색시키거나 사원 교육이랍시고 화살과 칼로 닭을 공격하게 하기도 했다. 회장의 이상 행동은 전처의 지인에게까지 미쳤는데, 전처의 바람기를 의심한 회장은 상대 남성을 불러내서는 동생과 함께 폭력을 행사했다. 그리고 자신의 신발을 핥게 한 후 치료비를 건넸다. 또 자사 사이트에 투고된 도촬, 외설 영상을 유료로 서비스하기도 했다. 불법 촬영한 외설 영상 서비스로 회장은 연간 500억 원의 매출을 올렸다고 한다.

_CBC 〈고고스마〉, 2018년 11월 8일

이 사건은 폭행 장면을 촬영한 충격적 영상이 한국 언론을 통해 공개되고, 그것이 일본에 보도된 것으로, 사건 자체는 2015년의 일이었다. 문제를 일으킨 회장은 폭행과 횡령 등의 혐의로 체포되어 재판이 진행 중이다. 이 엽기적 사건은 "한국 드라마에 흔히 등장하는 장면으로, 일상다반사라고 해도 과언이 아니다"(변진일, 후지TV 〈바이킹〉, 11월 5일)라는 한 해설자의 편견 가득한 논평과 함께 11월 1일부터 11일까지 〈하토리 신이치 모닝쇼〉(TV아사히), 〈고고스마〉(CBC), 〈히루오비〉(TBS) 등 거의 모든 와이드쇼(정보 프로그램)에서 방송되었다.

징용공 배상 판결을 내린 한국 대법원

정부를 비판하는 자는
제거한다

일본 언론이 일제히 한국에 대한 불신과 혐오를 선동한 배경
에는 한국 사법부의 판결과 정부 방침, 국민감정 등에 거부감
을 드러내는 데 주저하지 않은 일본 정치인들이 있었다.

본 건은 1965년 한일청구권협정에 따라 완전하면서도 최
종적으로 해결되었다. 이번 판결은 국제법에 비추어 보아도
있을 수 없는 판단이다. 일본 정부는 의연하게 대응해 나가
겠다.　　　　　　　　　　　　_아베 총리 기자회견, 2018년 10월 30일

이 판단은 한일청구권협정 제2조에 명백하게 반하고, 일
본 기업에 부당한 불이익을 줄 뿐 아니라 1965년 국교 정상

화 이후 쌓아 올린 한일 우호협력 관계의 법적 기반을 뿌리
부터 뒤엎는 것으로 매우 유감이다. 결코 받아들일 수 없다.

_고노 다로 외무상 담화, 2018년 10월 30일

아베 총리는 11월 1일 중의원 예산위원회에서도 같은 발언
을 반복했다.

미래지향적인 한일 관계 구축을 위해 협력해갈 것을 확인
했음에도 한국이 주최한 국제관함식의 자위함기 게양 문제,
한국 국회의원의 독도 상륙, 대법원 판결 등 기대에 역행하
는 움직임이 지속되어 매우 유감이다. 이번 판결은 국제법
에 비추어 보아도 있을 수 없는 판단이다. 국제 재판을 포함
해 모든 선택지를 염두에 두고 의연하게 대응하겠다.

고노 다로 외무상도 기회가 있을 때마다 끈질기게 판결을
비판했다. 10월 30일 한국 대법원 판결 두 시간 뒤에 고노 외
무상은 이수훈 주일 한국대사를 외무성으로 불러 악수도 하
지 않은 채 앉기를 재촉한 후 "법의 지배가 관철되는 국제 사
회에서는 생각도 할 수 없다"며 눈도 마주치지 않고 항의 의사

정부를 비판하는 자는 제거한다

를 전했다.

한국 측으로부터 서로 지혜를 모으자는 이야기가 있었지
만, 100% 한국의 책임이라는 전제하에 생각해야 한다.

_자민당 의원에게, 11월 1일

한일 관계의 법적 기반이 무너지면 미래 지향도 없다.

_기자회견, 11월 2일

(한일청구권협정은) 한국 정부가 책임감을 가지고 한국 국
민에게 보상이나 배상을 하겠다는 결정이다.

_지가사키시 거리연설, 11월 2일

국제법을 뒤집어엎는 사건으로 국제 사회를 향한 도전이
다.   _다카사키시 강연, 11월 4일

한편 그 무렵 고노 외무상의 한국 비난을 비판한 기자의 트
위터에 항의가 빗발쳐 결국 기자가 관련 글을 삭제하고 사과
까지 해야 했던 일도 있었다. 산케이 디지털 《iza》(2018년 11월

1일)에 따르면, 고노 외무상이 주일 한국대사를 불러 항의 의사를 전달한 데 대해 《마이니치신문》 기자가 "한국 정부에 당신들 대법원을 어떻게 좀 하라는 요구인가? 삼권분립 무시도 이만저만이 아니다. 일본에서도 똑같은 일이 벌어지고 있으니 이상하게 생각되지도 않을 것이다"라고 트위터에 올렸다. 그러자 신문사에 '트위터의 내용은 신문사의 견해인가?', '일본에서 똑같은 일이 벌어지고 있다는 말은 구체적으로 무슨 뜻인가?'라는 질문이 쏟아졌다. 이에 대해 《마이니치신문》은 "징용공 판결과 관련한 신문사의 견해는 10월 31일 자 사설과 같다"고 답했고, 해당 기자는 '부적절한 글'을 올렸다며 트윗을 삭제하고 사과했다. 이처럼 누군가 정부를 비판하면 네티즌이 공격하거나 어용 미디어가 공개 비난하는 등 강하게 압박했다.

같은 시기에 권력의 중추 세력과 대립하면서 언론인의 사명을 다하려는 기자를 정부 측이 노골적으로 탄압한 사실이 드러났다. 관방장관 기자회견에서 스가 관방장관, 총리대신 관저 보도실은 《도쿄신문》 사회부 모치즈키 이소코 기자의 질문을 방해하고 답변을 거부하는 의사를 노골적으로 드러냈다. 2017년부터 회견장에 참석해온 모치즈키 기자는 가케학원 문제나 헤노코 매립공사와 관련해 스가 관방장관에게 깊이 있는 질문을 던져왔다. 특히 12월 26일 헤노코 관련 질문에 대해서는 총리대신 관저 보도실이 '사실 오인', '부적절한 질문'이라며 내각 기자회에 대한 위협으로 받아들여질 만한 문서를 각 기자에게 보냈다. 이를 언론 탄압으로 받아들인 현직 기자들을 비롯한 600여 명은 총리대신 관저 앞에서 항의집회를 열기도 했다.

한국 대법원 판결 며칠 뒤 일본 정부는 판결 내용과 관련한 입장을 한국 내 일본 기업에 전달했다. 동시에 소송 대상 기업이 개별적으로 피해자들과의 '화해' 교섭에 응하지 않도록 다짐시키기 위한 설명회를 서울에서 개최했다.

주한 일본대사관은 15일 서울 시내에서 한국에 진출한 일본 기업을 대상으로 판결과 관련한 설명회를 열었는데, 약 70개 사 80명이 참가했다. 마루야마 고헤이 총무공사는 모두 발언에서 개인 청구권 문제는 1965년 한일청구권협정에서 해결되었다는 정부의 입장을 설명하고 "일본 기업의 경영활동 보호를 최우선으로 생각한다. 관민 연계를 취해야 한다"고 말했다.　　　　_《마이니치신문》, 2018년 11월 15일

이렇게 관민 일체가 된 캠페인은 성공을 거두어 11월 11일 부터 13일에 걸쳐 NHK 등이 공동으로 실시한 여론조사에서 일본 기업에 배상을 요구한 한국 대법원 판결을 '납득할 수 없 다'는 응답이 69%에 달했다.

한류 아이돌이
원폭 피해를 조롱?

2018년 11월 8일 TV아사히 음악 프로그램 〈뮤직 스테이션〉은 다음 날 예정된 방탄소년단BTS의 출연을 취소한다고 발표했다. 불과 하루 전 취소는 극히 이례적인 일이어서 갑자기 사고라도 났나 했더니 멤버 중 한 명이 과거에 입은 광복절 티셔츠가 문제였다.

멤버 중 한 명이 과거 착용한 티셔츠의 디자인이 파문을 일으키고 있다는 일부 보도가 있어 프로그램 담당자 입장에서 착용 의도를 문의하는 등 소속 레코드사와 협의해왔습니다만 당사로서는 종합적으로 판단한 결과, 유감스럽게도 이번 출연을 보류하기로 했습니다. _〈뮤직 스테이션〉 홈페이지, 2018년 11월 8일

여기서 말하는 '일부 보도'란 방송일로부터 2주일이나 전인 10월 25일 자《도쿄스포츠》기사로 보인다.

한국의 인기 케이팝 그룹 방탄소년단의 '반일 활동'이 한국 내에서 칭송받고 있다. … 리더인 RM은 데뷔한 지 얼마 안 된 2013년 8월 15일, 방탄소년단 공식 트위터에 "역사를 잊은 민족에게 미래란 없습니다"라는 글을 올렸다. '역사를 잊은 민족'이라는 말은 한국이 일본을 비판할 때 상투적으로 쓰는 말이다. 이달 중순에는 멤버 지민의 모습이 트위터에 올라왔는데, 눈길을 끈 것은 그가 입은 티셔츠다. 기사에 따르면 티셔츠에 새겨진 내용은 '일본에 나라를 빼앗기고 일본 식민지 시대를 지나 밝은 빛을 되찾은 광복절이라는 설명, 광복절을 맞아 대한민국 국민이 만세를 부르는 모습, 원자폭탄 투하 장면 등'이었다고 한다.

_'한국 방탄소년단의 몰상식한 '원폭 티셔츠', 리더는 일본 비판 트윗',

《도쿄스포츠》, 2018년 10월 25일

먼저 문제시된 리더의 트윗은 "오늘은 광복절"로 시작한다. 이날이 한국인에게는 독립·해방 기념일이라는 사실을 감안

한류 아이돌이 원폭 피해를 조롱?

하면 "역사를 잊은 민족에게 미래란 없습니다"라는 말은 한국인이 스스로를 경계하는 말이라고 보는 편이 자연스럽지 않을까?

또 《도쿄스포츠》가 어디에서 인용했는지는 확실하지 않지만, 10월 16일 《레코드 차이나》는 한국의 한 인터넷 게시글을 인용해 '지민이 작년에 입었다는 티셔츠는 광복절을 기념한 것으로, 원자폭탄의 버섯 모양 구름과 해방을 맞이한 한국 국민이 만세를 외치는 모습이 프린트되어 있다'는 내용을 소개했다. 이에 따르면 지민이 해당 티셔츠를 입은 것은 1년 전이다. 그런데도 《도쿄스포츠》는 "이달 중순 … 눈길을 끈 것은 그가 입은 티셔츠다"라고 표현함으로써 마치 2018년 10월 중순의 일인 것처럼 서술했다.

이 같은 보도에 호응하여 악명 높은 재특회在特会●의 전 대표 사쿠라이 마코토는 블로그에서 "한일기본조약 파기 판결이 나온 현재, 국민 여론이 한일 단교로 들끓고 있다. 이런 와중

● 　재특회(재일 특권을 용납하지 않는 시민모임)는 일본 내 재일한국인 또는 재일조선인에게 주어지는 특별영주권이나 경제적 편의 등을 부당한 특권이라고 주장하며, 그런 제도의 철폐를 목표로 다양한 활동을 전개하는 단체다.

에 한국인을 방송에 내보내는 일이 옳은가? 방송국이 가장 무서워하는 것은 스폰서로부터 직접 항의를 받는 일"이라며 TV 아사히 프로그램의 스폰서에 항의 행동을 해야 한다는 뉘앙스를 풍겼다. 이와 관련해 저널리스트 에가와 쇼코는 다음과 같이 썼다.

한국 드라마를 방송한 후지TV는 2011년부터 2012년에 걸쳐 수차례 험한 시위의 목표물이 되었고, 한국 드라마의 스폰서 또한 같은 처지였다. 그때처럼 공격하겠다는 공갈인 셈이다. 그런데 사쿠라이는 기껏해야 멤버 한 명이 원자폭탄 사진이 새겨진 티셔츠를 입었다는 이유만으로 방탄소년단에게 이러니저러니 말할 수 있는 입장일까? 그가 이끄는 재특회는 8월 6일 히로시마에서 시위를 벌여 '원폭 돔 해체', '피해자 이권 용납 불가', '혈세를 좀먹는 피폭 이권자는 일본에서 추방하라', '히로시마 평화공원을 해체하자', '핵병기 추진'을 외치는 등 원폭 피해자의 마음을 짓밟는 언행을 반복해왔다. _'방탄소년단 문제를 혐한에 이용하는 어리석은 행동을 중지하자', 《비즈니스 저널》, 2018년 11월 20일

한류 아이돌이 원폭 피해를 조롱?

이런 상황에서 TV아사히는 혐한에 혈안이 된 사람들의 항의가 두려워 갑자기 하루 전날 출연을 취소하게 된 것이 아닐까 추측된다.

나 역시 지난 2015년 펴낸 책에서 한 일본 경영자가 한국전쟁이 일본 경제 부흥의 계기가 되었으므로 그 보답으로 제조기술 무상 제공을 결정했다고 기술한 바 있다. 그랬더니 그 회사 제품의 불매 운동을 펼치겠다는 협박과 항의가 쇄도해 이후 한국에서 번역 출판할 때 그 회사의 지원을 전혀 받지 못한 사례가 있다. 회사 이름이 눈에 띄는 일은 하지 말아달라는 요청인 셈이다.

최근 이어지는 소녀상 전시 중단이나 영화 상영 중지 등도 공포를 불러일으키는 협박 전화 때문이었다. 이런 사례는 우리가 현실감을 느낄 수라도 있지만, 만약 문제가 될 것을 우려해 작가나 행사 주최자가 알아서 지레 포기한다면 그것이야말로 진정한 위기 상황이 아닐까?

한편 케이팝을 연구하는 홋카이도대학 김성민 교수는 방탄소년단 멤버나 티셔츠 제작자에게 반일 의도가 없었다고 하더라도, 글로벌 활동을 하는 뮤지션일수록 팬의 마음을 헤아려야 한다고 했다. 그러나 그들을 향한 비난이 정치적 민족

주의에 악용되는 일 또한 경계해야 한다며 다음과 같이 지적
했다.

이런 경우는 상처받거나 당혹감 또는 위화감을 느낀 사
람들에게 방탄소년단이 자세히 설명하고 사과하면 끝날 일
이다. 인터넷에서 '반일'이라는 비판을 받았다고 해서 TV아
사히가 출연 중지까지 할 사안은 아니라고 본다. 이로써 민
족주의 정치가 전면에 드러나고 말았다. 인터넷과 미디어
를 통해 일본에서는 '한국의 반일 아이돌'이라는 비난이 난
무하고, 한국에서는 '일본인은 방탄소년단이 일본 아이돌보
다 더 인기 있어 시샘한다'는 말이 나온다.

_《Yahoo! 뉴스》, 2018년 12월 11일

다만 방탄소년단 문제에 한해서는 '위안부'나 징용공 문제
때처럼 감정적 반응으로 일관하지 않고, 냉정하게 생각하자
는 주장도 적지 않았다. 예컨대 《마이니치신문》은 히토쓰바
시대학 대학원 최용석 교수의 말을 인용해 한국과 일본 사이
에 문제가 생겼을 때 그에 대처하는 기본자세를 제시했다.

한류 아이돌이 원폭 피해를 조롱?

서로 비난할 게 아니라 한국 젊은이들은 '일본에서는 원폭이 왜 이토록 민감한 문제인가?', 일본 젊은이들은 '이런 티셔츠가 왜 한국에서 만들어졌나?'를 생각해보는 기회가 된다면 좋겠는데 말이죠.   _《마이니치신문》, 2018년 11월 9일

한편 일본의 방탄소년단 팬덤은 중고생이 많아서 정치적 소동에 별다른 영향 없이 변함없는 응원을 보낸다고 한다. 한때 트위터에서 '#방탄소년단의 일본 활동 중지를 요구한다'라는 해시태그가 등장하기도 했지만, 방탄소년단의 일본 내 활동은 팬들의 지지 속에서 지금도 왕성하게 진행 중이다.

이런 상황에서도 혐한론자들의 흉흉한 트집은 '언론의 자유'라는 명목하에 특정 잡지를 근거지 삼아 사람들의 관심이 생산적 논의에 쏠리는 것을 가로막는다. 이 시기 신문 광고를 통해 좋든 싫든 사람들의 눈길을 끈 헤드라인만 봐도 기가 막힐 지경이다. 이런 저질 선동이 범람하는 현재의 모습에서 결국에는 국제 사회에서 고립되고 몰락하는 일본의 미래가 엿보인다는 사실을 더 늦기 전에 깨달아야 하지 않을까?

《Will》1월 특대호(11월 26일 발매, WAC출판국)

징용공 판결, 욱일기 굴욕, 방탄소년단 무례: 총력 특집, 공갈, 사기, 전 일본 혐한 파장!

아베 정권은 더 이상 허용하지 않는다 – 아비루 루이(《산케이신문》 논설위원)

한국 보호에 지혜를 빌려준 반일 일본인들 – 다카야마 마사유키, 오타카 미키(저널리스트)

극좌 정권 문재인의 음모다 – 니시오카 쓰토무(레이타쿠대학 객원교수)

국민감정이 헌법이 되는 한류 – 오선화(다쿠쇼쿠대학 교수)

원폭 피해자를 조롱할 셈인가? – 와다 마사무네(참의원 의원)

아베 총리 '한국에 실효성 있는 징벌을' – 나가타 지로(정치 연구가)

반도가 가장 찬란했던 때는 일본 통치 시대 – 마쓰키 구니토시(조선 근현대사 연구소장), 다지마 오사무(문필가)

한류 아이돌이 원폭 피해를 조롱?

《월간 하나다》1월호(아스카신샤)

'징용공'을 선동한 반일 일본인 – 사쿠라이 요시코, 니시오카 쓰토무

군함도 원도민이 말하는 '징용공'의 진실 – 가토 고코(내각관방참여*)

한국의 지적 레벨은 이 정도 – 무로타니 가쓰미(평론가)

한국을 곤경에 빠뜨릴 다섯 가지 대항책 – 야와타 가즈오(평론가)

사법 분쟁이라면 일본이 압승 – 마루야마 가즈야(참의원의원)

한일 관계를 훼손하는 한국 – 사토 마사루(작가, 전 외무성 주임분석관)

문재인의 흉계와 김정은 – 시게무라 도시미쓰(도쿄통신대학 교수)

나와 일본 국민은 자위대와 함께한다 – 아베 신조 자위대 기념일 사열식 훈시

---

* 일본 총리의 상담역을 맡는 비상근 국가공무원.

화해치유재단의
해산 결정

한국 여성가족부는 2018년 11월 21일 '종군위안부'를 지원하기 위한 화해치유재단의 해산을 추진하고 사업을 종료하겠다고 발표했다. 이 재단은 2015년 12월 박근혜 정부와 일본 정부가 합의한 '위안부' 문제 해결을 위한 정책 중 하나로, 일본 정부가 제공한 10억 엔(약 100억 원)으로 2016년 7월 설립해 운영되어왔다.

한국 정부의 '위안부' 피해자 문제 합의 검토 태스크포스는 재단 해산의 가장 중요한 이유로 '합의 과정에서 피해자의 의사를 충분히 수렴하지 않은 점'을 꼽았다. 여기서 '피해자의 의사'란 일본 정부가 법적 책임을 인정하는 것은 물론이고, 국회 결의를 통한 공식 사과와 법적 절차를 거쳐 배상금을 지급하는 것이었다. 또 재단 이사 8명 중 정부에서 파견한 3명을 제외한 5명이 2017년 말까지 '한국 정부의 지원을 얻을 수 없다'며 사표를 제출함으로써 5명 이상의 이사가 필요한 재단 운영이 사실상 불가능하게 된 점도 고려했다.

1년 전인 2017년 12월 28일 '위안부' 피해자 문제 합의 검토 태스크포스가 보고한 내용을 확인한 문재인 대통령은 다음과 같이 말했다.

지난 합의가 양국 정상의 추인을 거친 정부 간의 공식적 약속이라는 부담에도 저는 대통령으로서 국민과 함께 이 합의로 위안부 문제가 해결될 수 없다는 점을 다시금 분명히 밝힙니다.

당연하다는 듯 일본 언론은 분개하는 어조로 격렬한 비난을 쏟아냈다.

"한일 합의로 위안부 문제는 해결되지 않는다"며 차려진 밥상을 뒤엎은 문재인 대통령

_FNN 〈프라임 뉴스 이브닝〉, 2018년 11월 21일

인터넷에서는 '10억 엔 꿀꺽 해산', '사실상 합의 파기이자 국교 단절 선언 모양새'라는 비난의 목소리가 높아지는 등 논란이 뜨거워지고 있다. _《비즈니스 저널》, 2018년 11월 21일

아무리 항의해도 계속되는 다케시마(독도) 상륙, 양국이 합의한 한일청구권협정을 뒤엎는 징용공 배상 청구 판결, 그리고 위안부 문제 한일 합의의 일방적 파기 등 한국의 끊임없는 부조리…. _《동양경제》 온라인판, 2018년 11월 27일

마스조에 요이치는 11월 21일 트위터에 '한국에서는 전 정권의 결정을 뒤엎는 일이 관례'라며 불신을 드러냈다.

한국에서는 징용공 판결을 비롯해 정권이 바뀌면 전 정권의 결정을 뒤엎는 일이 관례처럼 되어 있다. 그런 악습, 그리고 '선왕 죽이기'를 21세기에 들어서도 계속한다면 국제적인 고립을 면키 어렵다.

또 '위안부' 문제와 관련한 문재인 정부의 일련의 행동은 지지율 회복을 노리고 여론을 의식한 정치적 계산이라고 평가

한다.

한국 정부는 21일 위안부 문제에 관한 한일 합의에 근거한 화해치유재단의 해산을 일방적으로 발표했다. 한일 합의에 부정적인 여론과 지지 단체들의 비판을 받은 청와대가 해산에 신중한 자세를 보여온 외무부를 압박한 모양새다.
_《마이니치신문》, 2018년 11월 21일

문재인 대통령의 지지율은 한국 경제가 좋지 않으면 하락한다. 그리고 그때마다 터지는 것이 반일 카드다.
_고토 겐지의 발언, TV아사히 〈보도 스테이션〉, 2018년 11월 21일

관련 보도 가운데 특히 주목할 점은 정치인들의 발언이 크게 부각되었다는 사실이다. NHK는 당시 여·야당의 발언을 모아서 보도했는데, 입헌민주당과 일본공산당의 견해는 제외했다.

국제적 약속이 지켜지지 않는다면 나라와 나라의 관계가 성립되지 않는다. 한국은 국제 사회의 일원으로서 책임 있

게 대응하기 바란다. _아베 총리

합의는 국제 사회에서도 높이 평가받은 것이고, 착실한 합의 이행은 우리뿐 아니라 국제 사회에 대한 책임이기도 하다. 일본은 한일 합의에 근거해 약속한 모든 조치를 이행했다. 국제 사회가 한국의 합의 이행을 주목하는 상황에서 일본 정부는 계속해서 한국에 한일 합의의 착실한 이행을 요구하겠다. _스가 관방장관

합의는 국제 사회로부터 높이 평가받았으며, 착실한 이행은 우리뿐 아니라 국제 사회에 대한 책임이다. 일본은 한일 합의하에 약속한 조치를 모두 이행 중이며, 국제 사회가 한국의 합의 이행을 주시하고 있다. _고노 외무상

스가 관방장관과 고노 외무상의 발언이 거의 같다는 사실은 총리 관저와 외무성의 긴밀한 관계와 일체성을 웅변한다. 특히 '약속한 모든 조치를 이행했다'는 대목은 반대급부로 '한국은 국가 간 약속을 아무렇지도 않게 깬다'라는 인상을 준다. 하지만 일본은 진정으로 약속을 지켰을까? 이에 대해서는 나

중에 검증해보겠다.

재단 해산은 한일 합의에 반하는 행위로 매우 유감이다. 나라와 나라 사이의 약속을 확고하게 지키기 바란다. 한일 관계뿐 아니라 지역 전체의 평화와 번영에 부정적 영향이 미칠 것을 크게 우려한다. _다마키 유이치로 국민민주당 대표

일본은 다양한 논의가 있지만 성의를 가지고 진행 중이다. 나라와 나라가 약속한 일을 이행하는 일은 당연하므로, 한국 정부의 성실한 이행을 바라는 바다.

_이시다 노리토시 공명당 조사회장

재단 해산이야 괜찮지만, 숙제는 쌓여 있고 나라와 나라 사이의 약속을 깨는 일에는 크게 의문이 든다. 이 문제와 관련해 더 이상 한국과 교섭할 필요는 없다.

_바바 노부유키 일본유신회 간사장

입헌민주당은 직접적으로 말하지는 않았지만, 2017년 12월 발표된 〈위안부 피해자 문제 합의 검토 결과 보고서〉와 관련

해 당시 나가쓰마 아키라 대표 대행이 "이후로도 한국 정부에 이행을 촉구하겠다"라고 발언해 합의 내용 자체를 긍정적으로 보고 있음을 알 수 있다.

한편 일본공산당의 시이 가즈오 위원장은 "일본 정부, 특히 아베 총리가 '합의'에서 표명한 '마음으로부터 사죄하고 반성하는 마음'에 부합하는 행동을 해야만 문제 해결의 길이 열릴 것임을 강조하고 싶다"(《신문 아카하타》, 2018년 11월 23일)라며 일본 정부에 문제 해결 노력을 요구했다.

또 자민당 내부에서 강경 대응을 요구하는 목소리가 속속 이어진 사실이 다른 TV 프로그램을 통해 전해졌다.

한국 정부가 위안부 지원 재단 해산을 발표한 일과 관련해 자민당 합동 회의에서는 '레드 라인을 넘어섰다'거나 '대사를 소환해야 한다'는 등 과격한 의견이 뒤를 이었고, 한국 정부를 비난하는 결의문을 채택했다. 결의문에서는 한국 대법원이 일본 기업에 배상을 명한 징용공 판결도 비판했으며, 국회에서의 비난 결의도 당내에서 검토하기로 했다.

_CBC 〈고고스마〉, 11월 22일

이처럼 심심찮게 이어지는 정치인들의 발언이 보도됨으로써 이 문제는 미디어의 단순한 화젯거리로만 머물지 않게 되었다. 오히려 엄연한 국가로서의 일본의 위상이 손상된 듯한 위기감을 조성해 한국의 현 정권에 대한 적개심을 심어주는 역할을 했다. 또한 한국 대법원이 내린 두 건의 징용공 판결과 한국 정부의 화해치유재단 해산 발표로 이수훈 주일 한국대사는 10월 30일 이후 한 달에 세 차례나 일본 정부에 불려 가 항의를 받았는데, 이런 장면이 방송될 때마다 양국 관계가 빼도 박도 못할 처지에 놓였다는 사실을 실감하게 되기도 했다.

'위안부' 문제는 징용공, 독도 문제와 더불어 한일 양국 사이의 핵심적인 역사 문제다. 지금까지 오랫동안, 특히 평화의 소녀상 설치와 관련하여 날카로운 대립 양상을 보여왔다. 하지만 동아시아에서 중국, 러시아에 대한 세력 균형을 원하는 미국 입장에서 한일 관계의 불안정 요인인 '위안부' 문제의 해결은 피할 수 없는 과제다. 따라서 2015년 이뤄진 '위안부' 합의에 즈음해서는 큰 영향력을 발휘하기도 했다.

또한 이것은 안보법제 강행 처리의 후유증에서 빠져나와 외교 성과를 올리려는 일본 정부의 속셈과도 맞아떨어졌다. 그 때문인지 정부에 비판적이지 않은 눈으로 봐도 그 합의는 왠지 정상적이지 않았다.

갑작스럽게 열린 한일 외교 회담이 끝났다. 양쪽 모두 준비 부족인 듯 협정문조차 남기지 못하고 한일 두 나라가 '합의 사항'을 구두로 발표했다. 기자회견도 하지 않은 이례적 상황이었다. 그 결과가 어떻게 나올지는 현재로서는 알 수 없다. _이케다 노부오, 《아고라》, 2015년 12월 29일

협정문도 없이 양국이 각각 구두로 발표한 내용의 골자는 '모든 위안부 피해자분들의 명예와 존엄을 회복하고, 마음의 상처를 치유하기 위한 사업을 시행'(외무성, 2015년 12월 28일) 하는 재단을 설립하여 일본 정부가 기여금 10억 엔을 내고 한일 양 정부가 협력해서 사업을 운영한다는 것이었다.

하지만 합의 내용에 대한 국제 여론은 결코 호의적이지 않았다. 합의 이듬해인 2016년 3월 10일 유엔 여성차별철폐위원회는 합의와 관련한 최종 견해라며 다음과 같은 과제를 제시했다.

1. 지도자의 위치에 있는 자나 공직자가 책임과 관련해

중상적 발언을 중지할 것.

2. 피해자 구제의 권리를 인지하고, 이에 근거하여 손해 배상, 공식 사죄와 재활 서비스를 포함한 모든 효과적 구제와 피해 보상 조치를 제공할 것.

3. 2015년 12월 발표한 양국 합의를 실행하는 데 있어서 피해자와 생존자의 의향을 충분히 고려하고, 그들의 진실과 정의와 피해 보상에 대한 권리를 보장할 것.

4. **교과서에 '위안부' 문제를 충분히 실어 학생과 일반인에게 역사적 사실이 객관적으로 제공되는 조건을 확보할 것.**

특히 교과서를 통해 학생과 일반인에게 '위안부' 문제라는 역사적 사실을 객관적으로 제공해야 한다는 과제는 과거에 저지른 잘못을 되풀이하지 않기 위해, 또 '모든 위안부 피해자 분들의 명예와 존엄을 회복하고, 마음의 상처를 치유하기 위해' 꼭 필요한 후속 조치임은 말할 나위가 없다.

하지만 현실은 어땠는가? 고노 담화, 무라야마 담화, 아시아여성기금 발족 등으로 '위안부' 문제를 많은 사람이 알게 된 2012년 무렵까지는 거의 모든 역사 교과서에 '위안부' 관련 내용이 있었다. 하지만 2012년 이후 대다수 중학교 교과서에서 삭제되고, 하나만 관련 내용을 다루었다. 고등학교 교과서에는 비교적 많이 남아 있었지만, 2017년 교과서 13종 중 4종에서 관련 내용이 사라졌다. 대신 '위안부' 합의 내용, 그중에서도 한국 외교부 장관이 평화의 소녀상 철거에 노력하겠다고 한 내용이 실린 교과서가 늘어 일본 정부의 정치적 개입이 의심되었다. 2018년 10월 3일 중의원 예산위원회에서 야당 의원의 질문에 대한 아베 총리의 답변만 봐도 정부의 문제 인식에 의문이 든다.

작년 말 종군위안부 문제를 둘러싼 한일 합의와 관련해 한국의 지원 재단이 총리에게 '사죄의 편지'를 요구한 것에 대해 "우리는 전혀 고려하지 않는다"며 부정했다.

_《니혼게이자이신문》, 2018년 10월 3일

이는 스가 관방장관이 "그동안 한국은 요구하는 최종 목적지가 어디인지 명확히 하지 않고 국내 상황에 따라 수시로 변해왔지만, 우리는 손톱만큼도 변하지 않았다"라고 밝힌 바와 같이 합의 이외의 추가 조치는 절대로 하지 않겠다는 완고한 태도였다.

하지만 그런 말 속에서 진실한 반성이나 진정성이 느껴지는가? '위안부'와 관련한 사진전, 예술 작품 전시회, 영화 상영 등이 외부의 힘에 방해받고 '정치적 의도가 있다'며 장소 사용을 거부당해온 현실을 고려한다면, 과연 현재 일본 사회에서 한일 합의의 정신이 제대로 발현되고 있다고 할 수 있을까? "일본은 한일 합의에 근거해 약속한 모든 조치를 실행해왔다"(스가 관방장관, 고노 외무상)라고 정말 당당히 말할 수 있을까? 돈만 낸다고 문제가 해결되는 게 아니라는 사실은 이미 1965년 한일조약으로 확인되었다.

여기에서 되짚어봐야 할 것이 있다. 일본은 한일 합의 이행과 관련해 10억 엔의 기여금을 냈다고 주장하는데 한국은 이를 '손 터는 돈'쯤으로 인식한다는 사실이다. 즉, 한국이 하고 싶은 말은 '일본은 진정한 반성과 사죄를 하지 않는다'이다. 일본이 낸 10억 엔은 화해의 출발점이고, 그 밑바탕에는 반성이 깔려 있어야 한다는 사실을 다양한 경로를 통해 보여줄 필요가 있다. 그렇다고 끊임없이 사죄를 반복하라는 뜻도 아니다. 사죄를 반복해봐야 상대에게 제대로 전달된다는 보장도 없다. '진정한' 사죄란 단순히 사죄를 반복하는 것이 아니다. 일본이 파악한 사실을 제대로 알리는 일, 그리고 피해자에 대한 배려를 잊지 않았음을 표현하는 일이다. _구마가야 나오코, 〈국제 사회의 위안부 문제 현황과 일본의 대응〉, 평화정책연구소, 2019년 2월 19일

한편 한국 정부의 재단 해산 결정에 앞서 2018년 11월 19일 유엔 강제실종위원회는 '위안부'의 존재를 강제 실종 피해로 인식하고 일본 정부에 유감의 뜻을 나타냈다.

재단 해산에 앞서 발표된 유엔의 견해에 대해서도 파문이 확산 중이다. 이달 19일 유엔 강제실종위원회는 일본에 대한 심사의 최종 견해를 공표했다. 위안부 문제에 대해 피해자들에게 충분한 보상을 하지 않고 '최종적이고 불가역적으로 해결되었다'고 한 일본 정부의 입장에 유감의 뜻을 표한 사실이 보도되었다. _《비즈니스 저널》, 2018년 11월 21일

그 최종 견해의 내용은 다음과 같다.

위원회는 강제 실종 가능성이 있는 이른바 '위안부'의 인

원수와 관련된 통계 정보가 부족하다는 점, 또 이런 사례의 가해자 수사, 소추 및 유죄 판결이 없다는 사실이 염려스럽다. 또한 이들 여성이 낳은 아기를 빼앗겼다는 보고나 해당 국가가 이런 사례의 수사를 거절했다는 보고도 염려스럽다. 합의국이 이른바 '위안부' 문제에 관한 사실과 자료 등을 은폐하거나 공개를 게을리한다고 보고된 점 역시 우려스럽게 생각한다. 그리고 해당 협약 제24조(5)에 근거해 피해자에게 적절한 피해 보상이 이루어지지 않은 점도 유감이다. 이 문제가 '최종적이고 불가역적으로 해결되었다'고 한 체결국의 입장을 유감스럽게 생각한다.

여기서 말한 '체결국'은 물론 일본이다. 일본은 2007년 유엔 '강제 실종 방지 협약'에 서명하고 비준한 체결국이다.

자위대 초계기
레이더 사건

한일 우호 관계를 파괴할 의도로 조작되는 언행이 넘쳐나는 와중에 양국 사이에 군사적으로도 마찰을 빚는 사건이 발생했다. 그리고 이번에도 문제를 키워 한국이 일본의 적국이라는 인식을 증폭시키려 앞장선 이들은 다름 아닌 정치인이었다.

화해치유재단 해산 결정으로 한국에 대한 불신이 높아진 여론이 간신히 진정되는 듯하던 연말, 해상자위대 초계기가 한국 해군의 레이더 조준을 받았다는 발표가 났다. 2018년 12월 21일 방위성에서 기자회견을 한 이와야 다케시 방위상은 **"공격 직전의 행위라 하지 않을 수 없고 예측 불가능한 사태까지 초래할 수 있는 극히 위험한 행위"**라며 강한 어조로 비난했다.

방위상은 21일 해상자위대 아쓰기 기지(가나가와현 소재) 소속 P1 초계기가 20일 오후 3시경 이시카와현 노토반도 먼바다인 배타적 경제수역 내 상공에서 한국 해군 구축함 으로부터 화기 관제 레이더 조준을 받았다고 발표했다. 한국 해군의 레이더 조준을 공식적으로 발표한 것은 이번이 처음이다. 한일 관계 악화가 염려된다.

_《마이니치신문》, 2018년 12월 21일

　　하지만 사건 발생 바로 다음 날 오후에 방위상이 공식 기자 회견을 한 데에는 위화감이 든다. 시간이 조금 지나면 어떤 종류의 레이더였는지, 한국 해군은 거기에서 무엇을 하고 있었는지 등의 정보가 모이고 진상이 더 명확해졌을 터이다. 게다가 한국과 일본의 주장에 차이가 있었는데, 왜 그런 일이 벌어졌는지 쌍방 실무 담당자 간 대화도 충분히 이루어지지 않은 채 일방적으로 상대의 잘못이라며 발표한 것은 성급한 판단이 아니었을까? 적어도 한국과 일본은 동아시아에서 군사적 목표를 공유하는 우호국 관계이기에 더더욱 수상쩍다.

　　게다가 방위성은 12월 28일 유튜브로 증거 영상을 공개했는데, 이 조치와 관련해서도 여러 신문에서 의문을 제기했다.

방위성은 당초 영상 공개와 관련해 '한국이 더욱 반발할 뿐이다'라는 의견이 강해 이와야 다케시 방위상도 부정적인 입장이었다. 다수의 정부 관계자에 따르면, 27일 아베 총리의 일갈로 갑자기 방침이 변경되었다.

한국 정부는 11월 한일 합의에 근거한 위안부 지원 재단의 해산을 결정했고, 앞서 10월에는 대법원이 징용공 소송에서 일본 기업에 배상 판결을 내려 총리는 "한국에 매우 화가 나 있었다"(자민당 관계자)고 한다.

_ '주저하는 방위성, 아베 총리가 관철', 《지지통신》, 2018년 12월 28일

한국에서도 《조선일보》가 이를 보도하며 일본 정부가 의도적으로 문제를 키운 게 아니냐는 의문을 던졌다.

《도쿄신문》은 위안부 재단의 해산과 강제 징용 판결 등으로 아베 총리가 화가 많이 났다는 자민당 관계자의 발언을 전하며, 이런 상태에서 레이더 문제가 발생하자 아베 총리의 불만이 폭발한 것이라고 했다. 《마이니치신문》은 아베 내각이 이 영상을 공개하지 않을 경우 국내 여론이 악화될 수 있다는 점도 감안했을 것이라는 분석도 제기했다. 국

내 여론 대책의 일환이라는 것이다.

_《조선일보》, 2018년 12월 31일

하지만 일본 내에서는 사건을 정치 문제화하려는 정부의 의지를 따르기라도 하듯 몇몇 언론이 한국 측의 도발적 행동이라며 '단호한 제재'를 선동했다.

한국이 결국 선을 넘었다. 한국 해군 함정이 20일 이시카와현 노토반도 먼바다에서 해상자위대 P1 초계기에 화기 관제용 레이더를 조준했다. 조준은 공격을 전제로 한 행위로, 미군이었다면 적국으로 간주하여 즉시 반격할 만한 미친 짓이라 하겠다. 일본 정부는 한국 대법원의 비정상적인 징용공 판결을 두고 가까운 시일 안에 대항 조치에 들어갈 예정이지만, 이번 폭거와 관련해서도 단호한 제재를 가해야 한다.

_《석간 후지》, 2018년 12월 22일

화기 관제 레이더는 함포 조준이나 미사일 유도에 사용된다. 따라서 이 레이더 조준은 방아쇠에 손가락을 걸친 채 관자놀이에 총구를 들이댄 것과 같은 매우 위험한 행위다.

국제적으로도 '급박하고 부정한 침해'라고 인정되는 행위이고, 개인이라면 정당방위이며 군대라면 자위권 행사로써 반격해도 면책된다. _오리타 구니오, '레이더 조준 사건,

애매한 결정은 전쟁의 불씨를 만든다', 《월간 하나다》, 2019년 3월호

《석간 후지》 기사 중 '미군이었다면 적국으로 간주하여 즉시 반격'이라는 부분과 관련해 군사 저널리스트 다오카 슌지는 2019년 1월 8일 다음과 같은 의견을 냈다.

(2013년 중국 군함의 레이더 조준 사건) 당시 오키나와 현민에게 잔학한 욕설을 해 해고된 전 미국 외교관이 "미군은 화기 관제 레이더 조준을 받으면 즉각 반격한다"라고 한 말이 일본 보수파 정치인이나 미디어에 영향을 주어 '끔찍한 사건'으로 여겨졌다. 만약 화기 관제 레이더 조준에 미군이 즉각 반격했다면, 벌써 미국과 소련 함대 간 해전이 벌어졌고 핵전쟁으로 발전했을 것이다.

강경파로 알려진 전 항공막료장 다모가미 도시오조차 트위터에서 2018년 12월 21일 "한국 함정이 해상자위대 초계기에

레이더를 조준했고, 일본 정부가 위험하다는 이유로 한국에 항의했다고 한다. 전혀 위험하지 않다"라며 정부의 격앙된 태도를 진정시키려는 듯한 메시지를 보냈다.

해상자위대 초계기에 대한 화기 관제 레이더 조준 문제는 한일 쌍방의 주장이 완벽하게 어긋난 채 증거 영상을 공개하는 진흙탕 싸움의 양상을 보인 끝에 방위성이 2019년 1월 21일 최종 견해를 발표함으로써 한국과의 협의를 단절했다. '아베 총리의 일갈'로 문제가 심각해졌다는 사실을 처음 전한 《지지통신》은 이날 다시 문제 처리에 의문을 제기했다.

작년 12월 20일 레이더 조준 문제가 발생했을 때 자위대 안에서는 '한국 해군이 사과하도록 양국 해군끼리 협의하는 시간을 가져야 하지 않겠느냐'는 의견도 있었다. 하지만 총리 관저의 강한 의지에 따라 사건 다음 날 공표되었다. 해상자위대 관계자는 '이쯤 되면 자위대의 손을 떠나 완벽하게 정치 문제가 되고 말았다'고 했다. 2013년 중국 함선의 화기 관제 레이더 조준 때는 사건 발생 6일 후 공표된 것과 비교해볼 때 대응 방식의 차이가 눈에 띈다.

_《지지통신》, 2019년 1월 21일

한일 간 군사 마찰로는 앞서 국제관함식에서 욱일기를 둘러싼 대립이 있었다. 그리고 이번 레이더 조준 사건을 거쳐 2019년 8월 한일 군사정보보호협정GSOMIA 파기 통보 사태에까지 이르게 되었다(파기 통보는 한국 측의 정치적 판단에 따라 일단 연기되었다). 양국 간 대립의 확대는 정치인의 의도 그리고 절제를 모르는 언론의 왜곡 보도에 따라 조정이 불가능해질수록 그 영향력이 커져갈 뿐이다.

문희상 국회의장은 천황과 총리를 '도둑놈'이라고 했을까?

전국 각지에서 매화의 개화 소식이 전해지고 사람들이 봄의 전령에 마음 설렐 때 한국 국회의장의 '도둑놈' 발언이 뉴스와 와이드쇼를 점령했다. 이는 한일 양국 사이에 봄소식이 아직도 멀었음을 실감케 함과 동시에 '한국인은 무례하다'는 그릇된 이미지를 확산시키는 데 한몫했다.

한국의 문희상 국회의장은 천황 폐하의 사죄가 있어야 위안부 문제가 해결된다는 발언과 관련해 일본 측이 요구한 발언 철회 및 사과에는 응할 생각이 없음을 밝히며 '사과해야 할 쪽이 사과는 않고 오히려 나에게 사과하라는 것은 도둑이 제 발 저린 꼴'이라며 반발했다. _《니혼게이자이신문》, 2019년 2월 18일이 내용은 한 달이 지난 보도에서 다시 한번 왜곡되어 번져 갔다.

문희상 국회의장은 앞서 위안부 문제와 관련해 '천황이 사죄하면 해소된다'고 발언했다. 이 발언에 일본 정부가 사과와 철회를 요구하자 '사과해야 할 쪽이 사과는 하지 않고 오히려 나에게 사과하라는 것은 도둑이 제 발 저린 것으로 적반하장', '(사과해야 할 사람은) 현직 총리가 첫 번째고 두 번째는 천황이다'라며 반발했다. 한마디로 총리와 천황 폐하를 '도둑놈' 취급한 것과 같다. 일본 정부는 문 의장의 무례한 발언을 잊지 말고, 몇 번이고 사과와 철회를 요구하기 바란다. _ '천황 폐하를 도둑놈이라고 부르는 한국의 비열함', 《프레지던트》 온라인, 2019년 3월 22일

며칠 후 문 의장은 《한겨레신문》과의 인터뷰에서 당시 발언의 진의에 대해 다음과 같이 설명했다고 《아사히신문》이 전했다.

발언의 취지는 '전쟁 범죄와 인류에 관한 죄는 시효가 없

문희상 국회의장은 천황과 총리를 '도둑놈'이라고 했을까?

다. 독일이 패전국이면서도 유럽연합의 의장인 까닭은 모든 문제에 사죄했고 지금도 계속하기 때문이다. 마음에서 우러난 사죄가 가장 중요하다. 아베 신조 총리나 아베 총리에 준해 일본을 상징하는 천황이 위안부 할머니를 찾아가 미안하다고 한마디만 하면 근본적인 문제가 해결된다'는 이야기였다.

_《아사히신문》, 2019년 3월 27일

일본이 일으킨 전쟁 때문에 피해를 입은 사람들에 대한 일본의 사죄는 독일과 비교하면 충분하지도 철저하지도 않다. 그러니 일본을 대표하는 총리나 천황이 직접 살아 계신 '위안부' 할머니를 찾아가 사죄하라고 요구한 셈이다. 그런데 사과해야 할 쪽이 사과를 받아야 할 쪽에 사과하라고 요구하니 입장이 바뀐 게 아니냐며 비판한 것이다.

게다가 발언 철회와 사과 요구에 대한 비판은 아베 총리와 천황이 아니라 외교 루트를 통해 한국 측에 강력하게 항의한 스가 관방장관을 향한 것이었다. 그런데도 《프레지던트》는 '**천황을 도둑놈이라고 부르는 한국**'이란 식으로 자극적인 헤드라인을 뽑으며 대놓고 험한 의식을 부추겼다. 개원改元,* 2019년 10월 22일 새로운 천황의 즉위식, 11월 9일 국민제전, 이튿날

퍼레이드 등 대형 이벤트를 통해 일본 국민의 애국심을 천황 중심으로 통합하려는 정부 전략에 호응해 '천황을 비난하는 한국＝일본 국민의 적'이라는 프레임을 만들려는 의도가 엿보인다.

한편 문 의장이 '도둑이 제 발 저린 것으로 적반하장'이라고 한 말을 '盜っ人たけだけしい(도둑놈 주제에 뻔뻔스럽다)'라고 번역한 것도 문제였다. 문 의장의 발언은 '자기가 한 잘못은 모른 체하고 남 탓만 한다'는 뜻이었는데, 일본 정부는 '천황과 총리를 도둑에 비유했다'고 비약한 셈이다. 실패를 거듭해 활동을 중단하고 충전의 기회로 삼는다는 의미의 한국 속담 '넘어진 김에 쉬어 간다'를 너무 이익에만 집착한다는 뉘앙스의 일본 속담 '転んでもただでは起きない(넘어져도 그냥은 안 일어난다)'로 번역하는 것처럼 뉘앙스의 차이가 오해를 불러일으킨 예라고 할 수 있겠다.

또 문 의장이 아베 총리에게 재차 '마음에서 우러난 사죄'를 요구한 점에도 주목하자. 한일 합의에 관한 한일 양국 외교부

●　새로운 연호年號로 바꾸어 사용하는 것. 일본은 2019년 새로운 천황이 즉위함에 따라 기존에 사용하던 헤이세이平成를 레이와令和로 개원하였다.

문희상 국회의장은 천황과 총리를 '도둑놈'이라고 했을까?

발표를 보면, 아베 총리가 내각 수반으로서 "위안부로서 많은 고통을 겪고 심신 양면으로 치유하기 어려운 상처를 입은 모든 분에게 진심으로 사죄와 반성의 마음을 표명한다"라는 문구가 있다. 이후 박근혜 대통령과의 전화 회담에서도 직접 이 말을 되새겼다고 했다. 하지만 '사죄'는 단순히 말만 한다고 해서 상대에게 오롯이 전달되는 것이 아니다.

앞서 언급했듯이 한국의 화해치유재단이 해산하기 전 아베 총리에게 '사죄의 편지'를 요청했지만, 아베 총리는 "털끝만큼도 그럴 생각이 없다"며 일축했다. 또 그 전해에 전후 70년을 맞이해 발표한 담화에서도 "그 전쟁과는 아무 상관도 없는 우리의 아들과 손자, 그리고 그 후 세대의 아이들에게 사죄를 계속해야 하는 숙명을 지게 해서는 안 된다"라고 했다. 이를 미루어볼 때 한일 합의 발표 문구에 적힌 '사죄'에는 '이것으로 끝'이라는 속셈이 들어 있는 게 아닐까?

예를 들어 태평양전쟁의 서막을 연 진주만에서 2016년 12월 28일 아베 총리가 했던 추도 연설과 비교해보면 그 자세에서 커다란 차이를 느낄 수밖에 없다. "그날의 폭격이 전함 애리조나를 두 동강 냈을 때 전함에 타고 있던 병사들은 홍염 속에서 죽어갔습니다"라며 아베 총리는 구체적 정황을 묘사했다.

또 "전쟁에 희생된 수없이 무고한 이들의 영혼에 영겁토록 애도의 마음을 바칩니다"라며 화려한 문장으로 최대한의 애도를 표했다. 물론 미국에 대한 아베 총리의 충성심이 얼마나 각별한지는 오키나와 현민의 의사를 무시하면서 미국의 의사를 최우선시해 헤노코 기지 건설을 강행한 것만 봐도 잘 알 수 있다. 자국민보다 중요하게 여기는 미국에 대한 태도를 한국을 대하는 태도와 비교하는 것 자체가 무의미할지도 모르겠다.

하지만 '사죄'에 한정해 보면 공문서 및 통계 조작, 자민당 의원 체포, 각료들의 잇따른 사임 등의 불상사가 일어날 때마다 국민에게 했던 '총리의 사죄'가 얼마나 가벼운 것이었는지 실감할 수 있다. '진심이 담긴 사죄'는 아직껏 하지 않은 셈이다.

제재·보복·대항을
부르짖는 사람들

2019년이 되자 일련의 한일 마찰, 특히 징용공 판결과 관련한 일본 정부의 방침이 명확하게 드러났다. 해가 바뀌고 며칠 지나지도 않은 1월 6일 NHK 〈일요 토론〉에서 아베 총리는 일본이 대항 조치를 준비 중이라고 밝혔다.

일전의 판결은 국제법에 비추어볼 때 있을 수 없는 일이다. 애당초 1965년 한일청구권협정에서 완전하면서도 최종적으로 해결된 것이고, 국제법에 근거해 의연하게 대응하기 위해 구체적 조치를 검토하라고 관계 기관에 지시했다.

정부 수반의 의지를 따르기라도 하듯 며칠 후 자민당에서 열린 외교부회에서는 소속 의원들의 강경한 발언이 전해졌다. 1월 11일 자민당은 외교부회와 외교조사부회의 합동 회의를 열어 한일 정세를 놓고 논의를 진행했는데, 지금까지와는 달리 격한 목소리가 이어졌다.

출석 의원 A: 한국은 특별하기 때문에 배려한다는 차원에서 지금까지 분을 삭이며 참아왔다. 역사 인식 문제와 관련해서도 리셋 버튼을 누를 때가 왔다.

출석 의원 B: 한국은 넘어서는 안 될 선을 넘었다. 한국에서 일본으로의 인적 유입을 제한해도 되지 않을까? 무비자 입국 제한이나 취업 비자 제한 등도 생각해봐야 한다.

기우치 미노루 환경 부대신: 밑바탕에는 일본 정부에 대한 한국 측의 응석도 있으니, 확실하게 반성하도록 하고 사과할 것은 사과하게 하지 않으면 미래 지향은커녕 원상회복마저 어려운 관계가 되고 말겠다.

_FNN 〈프라임 뉴스〉, 2019년 1월 11일

특히 참석자 중 문부과학부회장인 아카이케 마사아키는 한국에 대한 수출 규제를 요구했는데, 이는 나중에 실제로 시행되었다.

예를 들면 반도체 제조 과정에 쓰이는 세정제 불화수소 등의 전략물자를 수출 중단하거나 한국인의 체류 기간을 단축시키고, 한국 입국 시 이른바 위안부상이 있는 지역을 방문 주의 지역으로 지정해야 한다.

이러한 의견에 가나스기 겐지 외무성 아시아대양주 국장은 "대항 조치는 폭넓게 검토 중이다. 일본 또한 고통이 따를 것이므로 이성적으로 한국 상황에 대응하면서 단계적으로 대항하게 될 것"이라고 해 이미 검토 단계에 들어갔음을 분명히 했다.

이어 3월이 되자 아소 다로 부총리는 중의원 재무금융위원회에서 "관세뿐만 아니라 송금 정지, 비자 발급 정지 등 다양한 보복 조치가 있을 것으로 생각한다"고 말했다(《니혼게이자이신문》, 2019년 3월 12일). 이후 3월 27일 외교부회가 영토에 관한 특별위원회 등과 가진 합동 회의에서는 "외교를 단절해야 한다"고 주장하는 의원도 있었다(《산케이신문》, 2019년 3월 27일).

무비자 입국 제한, 송금 정지, 재한국 기업의 철수 등의 노골적 조치는 국제 여론과 일본 기업이 입을 피해를 고려할 때 가볍게 시행하기에는 힘든 방법이었다. 또 6월 28, 29일로 예정된 오사카 G20 정상회의의 의장국으로서의 체면이나 7월로 다가온 참의원 선거도 염두에 두느라 그 내용과 시기에 대해서는 신중한 정치적 판단이 필요했을 것으로 보인다. 7월 2일 자《요미우리신문》은 "일본 정부의 이번 조치는 5월에 최종안이 거의 굳어졌다"고 했는데, 그 카드를 언제 쓸지 가늠할 수 있는 특별한 정보는 없었다. 6월 19일 자《니혼게이자이신문》은 여당 내에 'G20 정상회의 때까지 한국 정부가 대응책을 내놓지 않으면 문 대통령과 아베 총리의 개별 회담은 필요 없다'는 강경론이 있는 한편 '한국에 대한 경제 제재를 검토해야 한다'는 주장이 있다며 아직 정부가 경제 제재를 결정한 단계는 아닌 듯하다고 보도했다.

하지만 7월 1일 경제산업성은 ① 특별 품목의 포괄적 허가에서 개별적 허가로 전환, ② 한국 수출 허가 신청 창구를 경제산업국 및 통상사무소에서 안전보장심사과로 변경하는 것을 골자로 하는 **수출무역관리령 개정안을 입법 예고**했다. 이에 따라 한국에 수출하는 품목 중 반도체 제조 과정에서 중요한 역할을 하는 세 품목이 매번 수출관리심사를 받게 되어 한국의 반도체 제조에 막대한 지장을 초래할 우려가 생겼다.

세 품목 수출 제한이라는 '최소 공격으로 최대 성과를 올리는 조치'가 발표된 것은 오사카 G20 정상회의가 끝나고 이틀 뒤였다. 6월 28일 개막식 연설에서 아베 총리는 '자유무역의 중요성'을 소리 높여 외쳤다. 그것이 단순한 정치 퍼포먼스에 지나지 않았다는 사실을 스스로 고백이라도 하듯 불과 사흘 뒤에 수출 제한 조치를 발표했다.

세계 경제를 선도하는 국가들로 구성된 우리 G20에는 세계적 과제에 대해 솔직하게 대화하고 해결책을 이끌어낼 책임이 있습니다. 지속 가능성에 대해 다양한 우려가 지적되는 시대에 그 책임은 더욱 커지고 있습니다. 오사카 선언에 근거해 의견의 차이가 아니라 공통점과 합일점을 끈기 있게 모색해야 합니다. 자유롭고 막힘 없는 포괄적이고 지속 가능한 미래 사회의 실현을 위해 꾸준히 협력해 나가고자 합니다. _아베 총리, 오사카 G20 정상회의 개막식 연설

아베 총리의 솜털처럼 가벼운 언행이 어제오늘 일은 아니지만, 불과 사흘 뒤 발표한 수출 규제 조치에 대해서는《요미

우리신문》과 《산케이신문》을 제외한 여러 언론이 우려를 표명했다.

징용공 문제의 우선적 책임은 한국 측에 있으므로 옳고 그름을 요구하는 것은 당연하다. 그렇다고 해도 통상 정책을 들이미는 것은 기업에 대한 영향 등 부작용이 크고, 장기적 차원에서 불이익이 많음을 우려하지 않을 수 없다.

_ '징용공을 둘러싼 대항 조치의 응수를 자제하라',
《니혼게이자이신문》, 2019년 7월 1일

외교 문제와는 전혀 관계가 없는 무역 수속을 끌어와 정치 도구로 삼았다. 일본이 중시해온 자유무역의 원칙을 비트는 행위다. _ '한국에 대한 수출 규제, 통상 국가의 이익을 해친다',
《마이니치신문》, 2019년 7월 4일

이 시기 정부의 조치와 관련한 언론 보도를 보면, 각 언론사는 서로 시점을 달리하며 '제재', '보복', '대항' 등의 표현을 사용했다. '제재'란 국제 사회에서 비인도적이거나 평화를 위협하는 국가에 벌을 내린다는 뜻으로, '북한에 대한 경제 제재'

가 그 예다. 이는 과거 군국주의 일본이 '응징'이라는 말로 중국에 대한 침략 전쟁을 정당화하려 한 것과 유사하다. 제재를 가하는 쪽이 마치 정의를 구현하는 심판자라도 되는 양 상대국보다 우월하다는 태도를 전제로 한다.

'보복'은 상대로부터 부당한 공격을 당해 피해를 입었을 때 같은 양의 피해를 주기 위한 복수를 뜻한다. 이때 쌍방은 적대적 관계로, '9·11 테러에 대한 미국의 보복 공격' 같은 표현을 떠올리면 쉽게 이해할 수 있다. '대항'은 보복에 비해 온건한 표현으로, '국가별 대항전'처럼 스포츠 경기에서 흔히 쓰는 표현이다.

일본 정부는 공식적으로 '대항 조치'라는 표현을 썼지만, 아소 부총리는 '보복 조치'라는 말을 사용하는 데 주저하지 않았다(3월 12일 중의원 재무금융위원회). 《동양경제》 온라인판은 '일본의 경제적 제재 조치', 《석간 후지》는 '일본의 100 제재안'이라며 '제재'라는 표현을 썼고, 《산케이신문》, 《데일리신초》, 《분슌 온라인》은 '보복', 《아사히신문》, 《요미우리신문》, 《마이니치신문》, 《니혼게이자이신문》은 '대항 조치'라는 표현을 썼다.

무심코 지나치기 쉬운 표현의 문제 같지만, 어떤 표현을 사용하느냐에 따라 독자가 받아들이는 인상과 그로써 갖게 되는 한국에 대한 이미지에 적지 않은 영향을 미치기 마련이다.

제재 · 보복 · 대항을 부르짖는 사람들

선거 전략과
퍼블릭 코멘트

징용공 판결을 둘러싼 일본의 '대항 조치'는 한국의 이미지에
타격을 주는 선에서 그치지 않았다. 참의원 선거 공시를 앞둔
2019년 7월 1일부터 24일까지, 수출 허가 간소화 우대를 받
는 백색 국가(나중에 '그룹A'로 명칭 변경)에서 한국을 제외하는
것과 관련해 찬반을 묻는 퍼블릭 코멘트(의견 수렴)가 진행되
었다. 이는 한국에 대한 수출 제한 조치 확대를 예고하는 것
이었다. 이로써 일본 정부가 '대항 조치'를 결행하는 시기에
대해 그 의도가 명확해졌다. 바로 참의원 선거를 위한 노림수
였던 셈이다.

　2019년 4월 지방선거와 7월 참의원 선거를 앞두고 정당 활
동의 초점은 선거 대책에 집중되었다. 특히 아베 정권은 이번

선거를 개헌 발의에 필요한 3분의 2 이상의 의석을 확보하느냐, 여당의 압승으로 자신의 정치 기반을 굳힐 수 있느냐 하는 중요한 분수령으로 여겼다. 2월 10일 열린 제86회 자민당 대회에서 아베 총리는 "힘든 싸움이 되겠지만 굳은 의지로 싸워 나가겠다"고 각오를 다지면서 선거 결과를 낙관할 수 없다는 심정을 드러냈다.

그런데 이 사람의 말에는 왠지 '가벼움'이 묻어난다. 예컨대 아베 총리는 발언 중 12년 전 참의원 선거를 언급하면서 "우리 당의 패배로 정치는 안정을 잃고 악몽 같은 민주당 정권이 탄생했다"고 강조했다. 이후 5월의 아소파 파티나 6월의 다니가키파 파티, 선거전 응원 연설 등에서도 같은 말을 몇 번이나 반복했다. 자신의 강함을 어필하기보다 상대를 멸시함으로써 상대적으로 자기가 더 낫다는 인상을 주는 편이 더 효과적이라고 생각하기 때문인지도 모르겠다.

4월 13일 도쿄 신주쿠교엔에서 열린 '벚꽃을 보는 모임'은 1만 명이 훌쩍 넘는 초청객이 모여 성대하게 치러졌다. 그런데 이 모임은 나중에 참의원 예산위원회에서 다무라 도모코 의원(일본공산당)이 추궁한 것처럼 '국민의 세금을 유용한 선거 운동'이나 다름없었다. 초청객 중에는 저명인사, 예능인 등도 포함되어 있었는데, 주최자인 아베 총리나 관료들이 자신의 지역구 후원회 회원을 대거 불러들인 사실이 폭로되었다. 아베 총리는 모임의 인사말에서 "이번 벚꽃을 보는 모임은 64회째입니다만, 야마구치 씨(공명당 대표)나 여러분과 함께 정권을 탈환한 이후 7회째 모임이 되었습니다"라고 했다. 이는 모임에 참석한 모두가 2009년 민주당으로부터 정권을 탈환하는 데 뜻을 같이한 동지라고 지칭한 것으로, '벚꽃을 보는 모임'이 지지자의 결속을 다지기 위한 행사였음을 알 수 있다.

이어서 4월 30일(퇴위식), 5월 1일(즉위식)의 황실 의식을 내각총리대신 자격으로 주도하고, 6월 오사카 G20 정상회의에서는 세계 20개국 정상 중 의장으로서 화려한 활약을 보이게끔 하여 선거를 염두에 둔 아베 총리의 이미지 상승 전략이 계속해서 이어졌다.

이런 흐름을 봤을 때 한국에 대한 강력한 '대항 조치' 또한 강한 지도자상을 일본 국민에게 보여주기 위한 수단으로 이용했다고도 볼 수 있다. 그리고 그 과정에서 퍼블릭 코멘트 제도가 활용되었다. 이 제도는 2006년 시행된 행정수속법 제6장에 규정되어 있는 의견 모집 제도로, 행정 명령 등을 내리기 전에 거쳐야 하는 의무 사항이다. '공적인 기관이 규칙 등을 정하기 전에 그 영향이 미칠 대상자의 의견을 사전에 모아 그 결과를 반영함으로써 더 나은 행정을 목표로 한다'는 취지 인데, 일반적으로 널리 알려져 있다고 보기는 어렵다. 지금까 지 시행된 사례는 다음과 같다.

유기 농산물의 일본 농림 규격 등의 일부 개정에 대해(농림 수산성)

'DNA 재조합 기술로 생산된 농산물을 원재료로 사용할 수 없다는 데 더해 게놈 편집 기술로 생산된 농산물에 대해 서도 원재료로 사용할 수 없음을 명확하게 하는 개정을 시 행한다.'

찬성 527 / 반대 10 / 기타 458

장애인 고용 촉진 등과 관련한 법률 시행령의 일부를 개정 하는 정령 안(후생노동성)

'재외공관(정부 대표부 제외)에 근무하는 외무 공무원을 추 가하기로 한다.'

찬성 2 / 반대 3 / 기타 5

위의 예에서 보듯이 생활과 밀접한 문제라고 해도 응모 건수는 적게는 10명 이하에서 많게는 100명 단위 정도다. 또 찬성과 반대 비율은 안건에 따라 차이가 있지만, 극단적으로 갈리는 예는 적다. 따라서 반대 의견도 충분히 고려해 결정해야만 한다.

하지만 한국을 수출 관리상 우대국에서 제외하는 내용을 골자로 하는 '수출무역관리령의 일부를 개정하는 정령 안', 이른바 '백색 국가 제외'의 시비를 가리는 안건에는 최종적으로 4만 666건의 응모가 있었고, 찬성 95%, 반대 1%라는 극단적인 결과가 나왔다. 어떻게 이런 일이 있을 수 있었을까?

먼저 경제산업성이 '한국 수출 관리 운용 재고'라는 내용을 트위터에 올렸다. 그러자 곧바로 오노다 기미(자민당)가 "백색 국가에서 한국을 제외하기 위한 정령 개정에 대하여 퍼블릭 코멘트를 진행하고 있습니다. 경제산업성 트윗 링크에 의견 주세요"라고 호소했다. 이어서 "일본의 수비대로서 일본 국민은 한 사람이라도 더 찬성 의사를 표시해주시기 바랍니다. 일본 내에는 일본인 행세를 하는 한국인이 몇십만이나 있습니다. 당신의 한 표가 일본을 지킵니다"라고 트윗했다. 이 트윗은 무려 1389차례나 리트윗되었다.

우에무라 요시후미(자민당) 또한 "서두릅시다! 퍼블릭 코멘트 의견 제시! 찬성 의견 제출합시다" 등 찬성을 권하는 내용을 계속해서 트위터에 올렸다. "반대쪽의 조직적 투표가 예상됩니다. 여러분 꼭 의견을 보내주세요", "일본이 더 이상 얕보이지 않기 위해서라도 단 한마디라도 좋으니 퍼블릭 코멘트를 부탁드립니다" 등등 연쇄적으로 올라온 글을 보면 4만 건이 넘는 응모가 그리 놀라운 일은 아닌 듯하다.

_'한국 우대 조치 적용 제외에 대한 수많은 퍼블릭 코멘트는 어디에서 왔는가?', 《togetter》, 2019년 7월 12일

문제는 찬성 95%, 반대 1%라는 비율이다. 이 비율만 보면 마치 거의 모든 일본 국민이 찬성한 듯이 보인다. 하지만 이런 극단적 차이는 전체주의 국가의 의결 모습을 떠오르게 해 소름이 돋는다.

한국에는 '청와대 국민 청원'이라는 제도가 있어서 국민이 자발적으로 청원 글을 올리고 한 달간 20만 명 넘게 동의하면 청와대가 해당 청원에 답하게 되어 있다. 물론 그 청원으로 정책이 결정되거나 법령이 제정되는 일은 없다. 하지만 국민

의 목소리를 직접 들음으로써 정치에 국민의 생각을 반영하려고 노력하는 효과가 있다.

2019년 4월, 한국의 제1야당인 자유한국당이 국회 활동은 등한시하면서 정부에 반대할 때는 신속하게 광장으로 나가 집회를 열고 일부 국민을 선동한다며 자유한국당의 해산을 요구하는 청원이 올라왔는데, 불과 한 달 만에 183만 명 넘게 동의하는 놀라운 사건이 일어났다. 뒤이어 자유한국당 지지자들이 여당인 더불어민주당의 해산을 요구하는 청원을 올리며 대항에 나섰는데, 여기에도 33만 명 넘게 동의했다. 이 숫자만 봐도 한국 국민의 정치 참여 의식이 일본과 크게 차이 남을 알 수 있다.

이에 비해 고작 4만 건에 불과한 퍼블릭 코멘트를 '쇄도했다'고 표현하며 일본 정부는 한국에 대한 대항 조치를 과감하게 발동했다. 그러고는 지금까지 배신의 칼을 휘둘러온 한국에 한 방 먹였다며 후련해했을지도 모른다. 그리고 퍼블릭 코멘트 덕분에 '많은 일본인이 정부 결정을 지지한다'라고 알게 된 사람들도 '역시 정부의 결정은 옳고 한국의 행동은 그르다'라고 생각하게 되었을지도 모른다. 이 결과가 선거에서 정부 여당에 대한 지지 확대로 이어졌는지는 확실하지 않지만, 적어도 지지 세력을 깎아 먹는 결과로 나타나지는 않았다.

7월 21일 참의원 선거 결과, 자민당은 개헌 발의에 필요한 164석에는 이르지 못했지만 공명당을 포함하면 과반수 의석을 확보했다. 물론 국회 운영을 안정적으로 이어가는 데는 아무 문제가 없다. 하지만 투표율이 48.8%에 그쳐 1995년의 44.5%에 이어 역대 두 번째로 낮은 투표율을 기록한 점은 심각한 문제가 아닐 수 없다. 1995년에 비해 사전 투표도 가능했고 투표 시간도 오후 6시 마감에서 오후 8시 마감으로 두 시간이나 늘어난 데다 투표 연령 노한 낮아졌음에도 유권자의 발길이 투표소로 향하지 않은 데는 여·야당을 불문하고 정치인들에게 그 책임이 있다. 당리당략을 위해서라면 험한 감정마저 이용하려는 정치인의 비열한 의도는 한일 문제의 해결을 더욱 어렵게 만드는 결과로 이어질 수밖에 없다.

독립운동은 못 해도
불매운동은 할 수 있다

징용공, '위안부' 문제 등과 관련한 한국 정부의 대응을 염두에 둔 일본 정부의 무역 규제 조치에 대해 한국에서는 강한 비난의 목소리가 일었다. 평소 문재인 정권에 비판적인 입장을 견지해온 《조선일보》조차 백색 국가 제외 등의 경제 조치가 전해지자 'G20 정상회의에서 자유무역 옹호에 열을 올려놓고, 그 정신과는 180도 다른 조치를 취했다'며 《니혼게이자이신문》을 비롯한 일본 내 비판 여론을 소개하는 기사를 실었다.

한국 정부는 2019년 7월 31일 일본 수출 규제 대책 민관정협의회를 발족했다. 여·야당 의장, 기획재정부 장관, 외교부 장관, 산업통상자원부 장관, 대통령비서실 정책실장뿐 아니라 대한상공회의소 회장, 한국무역협회 회장, 한국경영자총

협회 회장, 중소기업협동조합중앙회 회장, 한국중견기업연합회 회장, 한국노동조합총연맹 위원장, 민주노동조합총연맹 위원장 등 말 그대로 민관정 폭넓은 분야에서 대표자가 결집해 거국일치로 이 위기에 대처하겠다는 방침을 밝혔다.

그런데 여기서 주목해야 할 점은 시민의 자발적인 목소리가 커다란 여론을 형성해갔다는 사실이다. 일본 제품 불매운동은 'NO JAPAN: 가지 않습니다, 사지 않습니다'라는 구호를 내걸고 순식간에 한국 사회 전반으로 확산되었다.

7월 초 일본 경제신업성이 반도체 생신에 필요한 화학 제품의 한국 수출 관리 강화 지침을 발표하자 곧바로 인터넷에는 '불매운동에 참가하자'라는 제목으로 대상 기업 리스트가 올라왔다. 이것이 불매운동의 시작으로 보인다. 한국마트협회, 전국중소유통상인협회 등 27개 단체로 구성된 한국중소상인자영업자총연합회는 7월 5일 불매운동 동참을 밝히고, 매장에서 일본 제품을 걷어내는 움직임을 펼쳤다.

7월 30일 자 《요미우리신문》은 이 같은 불매운동 확산 소식을 전하며 일본 맥주 판매 48% 감소(전월 대비), 일본 여행 예약 55% 감소(7월 8일 시점에서 일주일 이전과 비교) 등 구체적 숫자를 들며 불매운동의 효과를 전했다. 처음에 일본 언론은 불매운동에 냉담한 반응을 보였다. 어차피 오래 가지 못할 것이고, 실제 효과는 미미하다는 반응이었다.

한국에서는 2005년 일본이 '다케시마(독도)의 날'을 지정했을 때도 일본 제품 불매운동을 벌였다. 한국이 일본에서 수입하는 물건 중에서 맥주 같은 소비재의 비율은 6% 정도였다. 주력은 수출품을 생산하기 위한 중간재나 자본재 등으로, 이번 불매운동도 일본 정부를 움직일 정도의 힘은 안될 것으로 보인다. _《FNN 프라임》, 2019년 7월 6일

한국에서는 일본 제품 불매운동이 몇 번이나 있었다. 1965년 한일회담을 시작으로 독도 문제, 역사 교과서 문제, 위안부 문제, 일본 정치인의 망언 사태 등이 일어날 때마다 끈질기게도 일본 제품 불매운동이 반복되었다. 요점은 이 운동이 '반복적으로' 있었다는 점이다. 이는 다른 시각에서 보면 '효과가 없었다' 혹은 '계속되지는 않았다'는 사실을 뜻한다. 매년 금연이나 다이어트를 결심하는 것과 별반 차이가 없다. … 결과적으로 반일 집회나 일본 제품 불매운동으로 양국 관계가 더욱 깊은 수렁에 빠진 것처럼 보이게 해서

일본의 여론에 '피로감'을 주는 정도의 효과는 있었다.

_최석영, '한국의 불매운동, 일본에서 보도되지 않는 이면 장치',

《JBPress》, 2019년 7월 10일

후자처럼 한국 내부로부터의 '고발'을 다루는 것이 이 시기 이후 특히 눈에 띄게 늘어났다. 최석영은 2010년 한국에서 출판한 《김치 애국주의 – 언론의 이유 없는 반일》 이후 한국 내 반일 행동의 실태를 낱낱이 폭로하는 저술 활동을 하고 있다. 또 2020년 상반기 주목받은 《반일종족주의》(이영훈 외)라는 책을 보더라도 내부 고발이 더 설득력 있다고 여기는 듯하다. 바꿔 말하면, 계속되는 혐한론자의 독설에는 이미 질릴 대로 질려서 더 이상 기대한 만큼의 효과가 발휘되지 않기 때문일 것이다.

또한 '좌익활동가설'도 여전히 단골 메뉴로 등장한다.

일본 제품 불매운동을 벌이는 쪽은 사실상 골수 좌익활동가로 정권과도 분명 관련이 있다. 따라서 이는 중국과 마찬가지로 '관제 데모'인 셈이다. _《익사이트 뉴스》, 2019년 7월 12일

독립운동은 못 해도 불매운동은 할 수 있다

'정권과 관련이 있다'와 '정권을 지지한다'는 분명 다른 뜻이다. 문재인 대통령은 2017년 5월 선거에서 41.1%의 득표로 당선되어 지금까지 많은 난관에 직면하면서도 49%의 지지(한국갤럽 조사, 2020년 3월 21일)를 받고 있다. 즉 불매운동에 참가하는 사람 중에 현 정권 지지자가 있을 가능성은 충분하다. 이를 뒷받침하듯 7월 11일 한 인터넷 사이트에는 '개싸움은 우리가 한다. 정부는 정공법으로 나가라!'라는 글이 올라왔는데, 실제로 상처 입고 쓰러지고 피 흘리는 싸움은 우리 국민에게 맡기고 정부는 정부가 할 수 있는 방법으로 일본에 맞서라고 격려한 셈이다. 이 글은 다음과 같이 주장한다.

이번 불매운동은 정부나 단체가 주도한 것이 아니다. 일본의 조치에 화가 난 국민 한 사람 한 사람이 자발적으로 일으킨 운동이다. 정부가 불매운동을 선동한 적도 없고, 여당이 운동을 시사한 적도 없다.

이어서 7월 15일경에는 어느 주부가 인터넷에 다음과 같은 글을 올렸다.

우리는 옛날 독립투사들처럼 독립운동은 못 하지만, 불매운동은 할 수 있습니다. 모두 할 수 있는 일부터 시작합시다!

이런 말들은 한때 유행어처럼 사람들 입에 오르내리며 풀뿌리 운동 확산의 밑거름이 되었다. 2019년은 식민 지배에 저항한 3·1 운동이 100주년을 맞이하는 해이기도 해서 '독립운동'이라는 말이 화제가 되었다.

얼마 못 갈 거라고 얕잡아보던 불매운동은 8월 백색 국가 제외 조치가 시행된 이후 9월, 10월이 되어도 잦아들 기미가 보이지 않았다.

한국에서 일본 제품 불매운동이나 일본 여행 안 가기 운동이 '오래 못 갈 것'이라던 일부의 예상과 달리 지금껏 수그러들지 않고 있다. 일본 정부의 수출 관리 엄격화에 반발해 시작된 것이지만, 일본이 해당 조치를 철회해도 계속하겠다는 목소리도 많다.

_'한국에서 반일은 '좋은 일', 불매운동이 계속되는 진짜 이유',

《산케이Biz》, 2019년 10월 18일

독립운동은 못 해도 불매운동은 할 수 있다

일본 여행 보이콧은 여행업계는 물론이고 항공사, 지역 발전을 기대하는 지자체에도 실질적인 영향을 미쳤다. 하지만 이런 사태를 촉발한 책임자인 일본 정부는 피해 사태를 직시하지도 구체적인 구제책을 강구하지도 않았다. 특히 지금까지 한국인 관광객의 방문으로 호황을 누리던 오이타현 벳푸 온천이나 유후인 온천, 혹은 역사적으로 한국과 인연이 깊은 나가사키현 쓰시마(대마도) 같은 곳은 음식점과 숙박업소의 타격이 심각한 수준에 이르렀다.

11월 4일 자《아사히신문》에는 '한일 관계 악화, 관광지에는 사활 문제, 주말 밤거리도 조용'이라는 기사가 실렸다. 기사는 한국 여행사와 독점 계약을 맺고 거의 매일 40명가량의 숙박객을 받아왔는데 8월 이후 숙박객이 없어 종업원을 해고했다는 쓰시마 여관의 사연을 소개했다. 또한 오이타공항을 이용하던 정기 항공편이 모두 휴항해 오이타 전체 숙박객이 83.9%나 줄었다는 비통한 소식도 전했다.

그런데도 일본 언론은 이런 사태에 대한 책임이 한국 측에 있다는 억지 주장을 폈다.

한국에서는 지금까지 역사 문제로 유사한 불매운동이 일

어났지만 오래 이어지지는 않았다. 이번과 같은 기세는 이 례적이다. 반일을 애국심의 증표로 삼는 듯한 분위기가 생 겨나고 동조하라는 압력이 영향력을 발휘하는 듯하다. … 문재인 대통령의 책임이 막중하다. 일본의 수출 관리 엄격 화가 징용공 문제를 둘러싼 '경제 보복'이라며 '일본 정부가 과거 잘못을 인정하지 않고 역사를 왜곡한다'고 강조했다. '일본이 한국의 경제 성장을 방해하려 한다'는 등 대립을 선 동하는 주장도 반복한다. _'한국인 관광객 감소, 반일 감정 확산을 우려한다', 《요미우리신문》, 2019년 9월 22일

일본 정부의 행동은 거론조차 않고 "문재인 대통령의 책임 이 막중하다"고 한 것은 일본 정부의 입장과 같으며 일견 그럴 듯해 보인다. 하지만 중립적인 척하면서 정작 중요한 순간에 는 한국 정부와 시민운동의 이미지를 왜곡하려는 교묘한 악 의가 엿보이는 보도도 있었다.

10월 13일 자 《아사히신문》 기사를 보면, 우선 제목부터가 **'한국은 왜 반일에 물들었을까? 특파원이 본 시각'**이다. '반일에 물들다'라는 표현 자체가 대다수 한국인이 누군가로부터 세뇌 라도 당한 것처럼, 혹은 일본 비난병에 집단 감염이라도 된 것

처럼 수동적인 느낌을 준다. 일본에 비판적이면 무조건 '반일'
이라는 말로 싸잡아 비난하는 혐한론자의 어법을 무작정 가
져다 쓰는 것이 꺼림칙하지도 않은 걸까?

　현재 일본과 한국의 외교 관계는 '국교 정상화 이후 최악'
이라고 합니다. 한국에서는 일본 정부에 대한 항의 시위뿐
만 아니라 일본 제품 불매운동이나 민간 교류 중단까지 발
생하고 있습니다. 정부 간 대립이 왜 사람들의 감정까지 움
직이는 걸까요? 서울지국 다케다 하지메 기자에게 물었습
니다.

이렇게 시작하는 기사는 《아사히신문》 서울 특파원을 국제
보도부 기자가 인터뷰하는 형식을 취한다. 특파원은 8월 12
일 한국 여당의 일본 경제침략 대책 특별위원회가 일본의 언
론기관을 초청해 개최한 간담회에서 있었던 질의응답을 소
개했는데, 한 기자가 서울시와 부산시를 포함한 다섯 개 지방
자치단체 의회가 일본의 특정 기업을 '전범 기업'으로 정해 해
당 기업 제품을 구입하지 말도록 하는 조례를 가결한 것이 부
적절하지 않느냐고 질문했다고 한다. 이런 질문이 나온 배경

에 대해 특파원은 "조례 제정이 지방의회 의원에게는 '실적'이 된다. 한국은 내년 4월 총선거가 예정되어 있다. 따라서 여론에 어필하기 위해 일본 배제를 경쟁하듯 하게 되고, 그 결과가 '전범 기업'으로 나타난 것"이라며 '숨은 의도'를 해설했다.

또 최근 한국의 현직 외교관이 문 대통령의 외교 정책을 비판했다는 기사를 일본의 인터넷 매체가 보도했는데, 이 보도 때문에 한국에서는 당사자 색출 작업이 진행 중이어서 정부 관계자를 취재하기가 어렵다고 했다. 마치 한국 정부 내에 비판을 허용하지 않는 공포정치가 작용하고 있다는 듯한 뉘앙스를 풍기는 말이었다.

이어서 불매운동과 관련해 다음과 같이 말했다.

'NO JAPAN'이라는 포스터도 있었는데, 일본 정부와 일본 국민은 따로 생각해야 한다는 논의가 있었다. 그래서 'NO 아베'로 바꿨다. 그렇다고 아베 정권 지지자들 입장에서 달라질 건 없다.

기본적으로 불매운동은 일본 전체가 아니라 아베 정권의 부당한 조치에 대한 분노의 표출이다. 여기에는 '향후 한일 우호 관계의 중요한 파트너는 누구인가' 하는 질문이 전제되어 있음을 간과해서는 안 된다. 아울러 아베 정권 지지자 입장에서 결국 '달라질 건 없다'고 한 말은 대다수 일본인이 아베 정권 지지자라는 말인지, 자신이 아베 정권 지지자이기 때문에 일부러 갖다 붙인 말인지 그 의도 또한 분명치 않다.

그리고 철저한 일본 제품 불매운동이라면 삼성 스마트폰에도 일본 부품이 들어가니 그에 대해 따져봐야 하는데, 그런 논의는 없었다며 불매운동이 자기 편의적인 데다 결국은 일본 제품을 사용할 수밖에 없다는 투로 핀잔을 주었다. 하지만 현실적으로 가능한 일부터 시작하는 것이 누구나 참여 가능한 폭넓은 운동을 만드는 핵심이다. 따라서 '불매운동을 철저하게 할 거라면 삼성 스마트폰도 사지 마라' 같은 탁상공론식 주장은 부적절하다.

화해치유재단 해산 문제도 언급했다. 재단 해산을 강하게 주장하던 '위안부' 피해자 김복동 씨(2019년 1월 서거)를 기리는 다큐멘터리 영화가 개봉했는데, 특파원은 명동 롯데시네마에서 이 영화를 본 관객이 자기 혼자밖에 없었다고 했다. 마치 대다수 국민은 '위안부' 문제에 관심도 없는데, 지원 단체가 제멋대로 운동을 전개했을 뿐이라는 인상을 준다. 그렇다면 불매운동 확산 배경에 반일 교육이 있다는 비판에는 고개가 갸웃해질 수밖에 없다.

한국에서는 평소라면 불타오르지 않지만, 국가 수호, 일본 불신이라는 작은 불씨를 많은 사람이 간직하고 있음을 느낄 수 있다. 그 배경에는 일본의 식민 지배에 저항한 역사를 건국의 원점으로 인식하는 교육이 있는 게 틀림없다.

한국인이라면 누구나 '식민 지배에 지항 = 반일'을 건국의 원점으로 삼는 교육을 받아왔기 때문에 일본에 대한 불신과 반일 감정이 언제 폭발할지 모른다며 경계심을 선동한 셈이다. 인터뷰 끝머리에서는 일본 정부 관계자의 말이라며 다음과 같이 인용했다.

혐한이 유행 중이지만 일본에게 한국은 사활과 관계된 중요한 나라다. 총리도 같은 생각이다.

아베 정권은 결코 한국을 적대시하지 않는데, 오히려 한국이 문제를 만든다며 일본 정부의 입장을 옹호하려는 듯한 속

셈이 느껴진다.

불매운동 중에 일어난 상징적인 사건이 있다. 한국에서 180개가 넘는 점포를 운영하는 유니클로의 오카자키 다케시 최고재무책임자는 7월 11일 도쿄에서 열린 결산 설명회에서 불매운동의 영향과 관련해 자기 생각을 말했다.

불매운동으로 어느 정도 매출 감소는 있었지만 심각한 손실은 없다. **불매운동이 장기적으로 매상에 영향을 미칠 만큼 오래 이어질 것 같지는 않다.**

이 말이 한국의 불매운동을 얕잡아본 것으로 받아들여져 이후 유니클로에 대한 항의 행동은 더욱 거세졌다. 회사 측은 부랴부랴 홈페이지에 사과문을 발표했지만, 사태는 진정되지 않았다.

같은 해 10월 유니클로는 후리스 출시 25주년 기념 광고를 내보냈다. 광고 영상에서 13세 패션 디자이너 소녀가 98세 패션 컬렉터에게 "제 나이 때는 옷을 어떻게 입으셨어요?"라고 묻자 할머니는 "맙소사! 그렇게 오래된 건 기억하지 못해!"라고 대답한다. 그런데 한국어판 영상에는 이 대사에 "맙소사!

80년도 더 된 일을 기억하냐고?"라고 번역된 자막이 달렸다. 한국 네티즌은 이를 지적했고, 비판은 순식간에 확산되어 다시금 유니클로에 대한 반감을 부추겼다. 나아가 불매운동이 활기를 띠는 계기가 되었다.

과연 무엇이 문제였을까? 80년 전이라면 1939년인데, 그해는 국민 징용령이 내려져 군수산업을 위한 노동자 동원이 시작된 해다. 또 중일전쟁의 전선이 확대되어 동남아시아로까지 촉수를 뻗으려던 시기로, 전장에 보낼 '종군위안부'의 동원이 본격적으로 이루어지기 시작한 때이기도 하다. 그런데 '기억이 안 난다'고 했으니 일본이 전쟁 범죄의 기억, 특히 등장인물이 98세 노인이라는 점에서 '위안부'의 기억을 망각의 저편으로 밀어내고, 생존자들의 증언을 조롱하는 게 아니냐는 지적이다.

물론 유니클로가 의도적으로 그런 도발을 했다고는 생각하지 않는다. 하지만 역사에 무관심하고 무지했기에 그런 영상을 내보내고도 태연자약할 수 있었을 터이다. 앞서 언급한 특파원은 한일 간의 정치적 문제에 아랑곳하지 않고 명동 거리를 즐기는 어느 젊은 일본인 관광객에게서 미래 한일 교류의 본모습을 느낄 수 있었다고 했다. 하지만 과연 지금 이대로 괜찮을까?

　한국 사람들은 100년의 역사적 흐름 속에 현재의 자신을 투영하려 한다. 이것이 단순히 반일 교육의 성과라고는 생각하지 않는다. 적어도 그만큼의 통찰력을 가지고 미래를 바라봐야 후세를 위해 책임감 있는 판단과 선택을 할 수 있지 않겠는가?

〈군함도〉와 〈주전장〉
그리고 〈신문기자〉

영화 〈군함도〉 비판으로 보는
일본 정부의 집착

2017년 7월 개봉한 〈군함도〉는 큰 화제를 불러일으키며 한국에서 개봉일 관객 수만 97만 명으로 역대 최고 기록을 세웠다. 하지만 실제로 관람한 관객들의 평가는 개봉 전의 열기에 비해 좋지 않았다. 개봉 5일 만에 600만 관객을 달성했지만, 최종적으로는 660만 관객으로 손익분기점도 넘기지 못했다. 같은 시기, 1980년 광주 민주화운동을 다룬 〈택시운전사〉가 개봉해 8월에 1000만 관객을 돌파한 것과 대조를 이루었다.

나가사키현 하시마 탄광으로 연행된 조선인 노동자의 잔혹한 노동 실태가 얼마나 사실과 가깝게 재현되었는가? 친일파 한국인의 악행이 강조된 나머지 일본 제국주의의 범죄가 면죄된 것은 아닌가? 잠입한 항일투사의 지휘하에 전원 집단 탈출을 시도한다는 스토리가 흥미 위주의 저급한 오락성에 치우친 건 아닌가? 이런 비판들이 흥행에 부정적으로 작용했을 거라는 이야기도 있었다.

일본에서는 당연하다는 듯 이 영화를 비난하는 목소리가 미디어를 통해 봇물 쏟아지듯 번져나갔다. 일본에서 개봉하지는 않았지만, 유튜브 예고편 또는 한국이나 제3국에서 영화를 본 평론가나 영화 팬들의 리포트를 통해 일본에도 그 존재가 알려졌다. 그런데 영화에 묘사된 내용이 실제 군함도 상황과 다르다는 사실을 알리기 위한 움직임이 일어났다. '진실의 역사를 추구하는 하시마 도민 모임'(이하 도민 모임)이라는 단체가 만들어지고, 과거 도민과 유족 등의 증언을 일본 국내뿐 아니라 해외로도 내보내기 시작했다.

탄광에서는 고참 조선인이 신참 일본인을 지도하는 일도 있고, 종전 후에는 '하시마가 급료도 좋다'며 섬으로 되돌아온 조선인도 있었습니다. 좁은 섬 안에서 조선인 학대나 살해 사건이 발생하면 바로 귀에 들어올 텐데, 그런 일은 아예

없었습니다. _가지 히데오 도민 모임 회장

당시 도민의 입을 통한 '섬 안은 가족 같은 분위기였고 일본, 한국 구별 없이 생활했다', '조선인 노동자를 학대했다는 말은 사실이 아니다'라는 주장이 동영상으로 제작되었다(산업유산국민회의 홈페이지). 이 영상을 보고 나면 군함도뿐 아니라 일본 각지의 강제 연행 현장에서 발생했다는 학대는 모두 날조된 것이라는 주장에 동의하고 싶어질지도 모르겠다. 그것이야말로 이 영화를 비판함으로써 '부정적인 역사'를 없던 일로 하고 싶은 사람들의 진정한 속셈이리라.

앞서 2015년 7월 야마구치, 규슈를 중심으로 한 산업 시설 23건이 '메이지 일본의 산업혁명 유산'으로 세계문화유산에 등재된 사실을 상기하자. 군함도는 나가사키현 내의 미쓰비시 나가사키 조선소, 다카시마 탄광과 함께 '하시마 탄광'으로 등재되었다. 이때 유네스코 한국 대표는 '산업혁명 유산'으로 지정된 23곳 중 하시마 탄광을 포함한 7곳에 조선인이 동원되어 가혹한 노동에 종사한 사실을 등재 유산의 설명문에 포함시킬 것을 일본 측에 요구했다. 이때부터 유네스코를 무대로 한일 간 분쟁이 이어졌다. 결국 일본 측이 '본인의 의사와 달리 험한 환경에서 일했다. 그 결과 희생된 이들을 기억에 남기기 위한 적절한 조치를 설명문에 담겠다'고 표명함으로써 간신히 만장일치로 세계문화유산에 등재될 수 있었다.

원래 문화유산 등재는 문화청이나 지방자치단체 주도로 추진되었으나 산업혁명 유산은 총리 관저가 주도했다. 그 이전에 나가사키의 교회들과 기독교 관련 유산을 등재 신청하려던 것을 '총리 관저의 의지'에 따라 순서를 바꾸면서까지 신청을 강행한 배경에는 정권의 사심이 작용했을 것이다. '일본은 유럽 열강에 굴하지 않고 산업 입국을 이루어 아시아 최강의 지위를 구축했다. 이 눈부신 역사를 이어가겠다'는 아베 정권의 의지가 반영된 문화유산이기에 영화 〈군함도〉에 묘사된 내용은 모두 허위라고 부정할 수밖에 없었다.

또한 당시 문제가 된 징용공 보상 문제에 대한 포석이라는 의미도 컸다. 일본이 약속했던 '희생된 이들을 기억에 남기기 위한 적절한 조치'는 "일본의 산업을 지탱한 많은 조선반도 출신 노동자가 있었다"(2017년 유네스코에 제출한 문화유산 보전 보고서)라는 표현으로, 일본의 범죄성을 감추기 위한 설명으로 대체되었다.

일본 정부가 산업유산국민회의라는 재단을 이용해 '군함도의 진실'을 계속해서 강변하는 상황을 보노라면, 앞으로도 이 영화가 일본에서 상영될 가능성은 없어 보인다. 하지만 영화가 작품성에 약점이 있다 해도 상영 자체를 못 하게 하는 일이 있어서는 안 된다. 이 영화가 잔혹한 강제 노동 환경을 만든 제국주의 일본이나 조선인 내부 협력자를 비판하고는 있지만, 하시마 도민을 경멸하는 표현은 없기 때문이다. 유감스럽게도 상업영화이기 때문에 흥행 성적이 상영의 가부를 결정하는 터라 채산성이 없는 일본 내 상영은 그런 의미에서도 무리일지 모르겠다.

영화 〈주전장〉에 묘사된 역사수정주의에 대한 분노

2019년 4월부터 상영된 다큐멘터리 영화 〈주전장〉은 일본 국내뿐 아니라 한국을 비롯해 외국에서도 큰 화제를 불러모았다. '위안부' 문제를 두고 찬반양론을 벌이는 사람들을 차례차례 영상에 담은 이 작품은 두 시간짜리 장편임에도 긴장감을 잃지 않고 관객을 몰입시키는 힘이 있다.

감독이 일본계 미국인이라는 점과 감독 데뷔작이라는 사실, 그리고 '위안부' 문제에 대한 신선한 자극이 관심을 불러모아 다큐멘터리 영화로는 이례적으로 4만 명을 웃도는 관객을 동원했다. 감독은 우선 '성노예', '20만 명설', '강제 연행' 등 종래의 주장에 대해 팩트체크를 할 예정이었다. 그런데 3년에 걸쳐 취재를 이어가면서 '위안부'를 '매춘부'로 보는 사람들의 주장이 역사를 왜곡한다는 사실을 깨닫고, 그런 주장을 단죄하는 내용으로 바뀌었다고 한다.

이 영화에 등장하는 인물 중 과거 민족주의자였던 히사에 케네디라는 사람이 있다. 미국이 작성한 〈나치의 전쟁 범죄와 일본제국 정부의 기록〉이라는 문서에 '종군위안부' 관련 기사가 한 건도 없다는 사실을 《산케이신문》에 제보한 사람이 바로 자신이라고 했다. 그러면서 그런 자신을 후회한다고 한 증언이 인상적이었다. 사실 그 보고서에 '위안부' 관련 내용이 없는 것은 당시 미국이 '위안부'의 존재를 전쟁 범죄 대상으로 인식하지 못했기 때문이다. 그럼에도 역사수정주의자들은 그런 사실을 덮어버리고 '위안부' 자체가 범죄가 아니라고 주장한다.

그런데 이 영화의 출연자 중 '위안부'의 존재를 부정하는 다섯 명이 2019년 6월 상영 중지 소송을 제기했다. '학술 연구용이라고 속이고는 상업영화로 이용했다', '역사수정주의라는 딱지를 붙였다', '의도적으로 명예가 훼손되도록 편집했다' 등의 이유에서였다.

이 영화에도 등장하는 전 《아사히신문》 기자 우에무라 다카시를 상대로 '위안부' 부정론자, 혐한 우익, 정치인이 한통속으로 집요하게 가한 공격이 떠오른다. 1991년 '위안부' 피해자 김학순 씨의 증언을 토대로 작성한 우에무라의 기사에는 무려 30년 가까이 비난이 쏟아졌다. 더욱 심각한 문제는 그가 재직하는 대학에 폭파 예고와 협박 전화가 이어지고, 가족에 대한 비방과 협박까지 이루어졌다는 사실이다. 혐한론자와 언론의 비난, 정부의 동조를 발판 삼아 우익으로 추정되는 사람들로부터 신변의 위협이 느껴지는 협박과 방해를 받는 구조가 일본 사회에 형성되어 있다는 현실을 우리는 직시해야 한다.

2019년 10월 27일 가와사키시에서 열린 제25회 신유리 영화제에서 〈주전장〉의 상영이 취소되었다. 이 영화제는 자원봉사자를 비롯해 시민이 운영하고, 가와사키시가 예산의 절반을 부담하는 시민 중심의 영화제로 25년의 역사를 자랑한다. 상영 취소를 결정하게 된 가장 큰 이유는 '가와사키시가 공동 주최자인 사업에서 재판 중인 〈주전장〉의 상영은 부담스럽다'는 시의 우려가 영화제 측에 전달되었기 때문이다. 운영진은 관객과 스태프의 안전을 확보할 수 있는지 자문한 후 이뤄진 결정이었다고 밝혔다.

아이치 트리엔날레 〈표현의 부자유전 – 그 이후〉의 평화의 소녀상 전시 중지 결정이 오버랩되는데, 나중에 재개되기는 했지만 '위안부' 문제의 상징적 존재인 평화의 소녀상에 대한 일본 국내의 비정상적 반응이 영화제에 대한 공격으로 그대로 이어졌다고 보는 것도 무리는 아니다. 아이치 트리엔날레의 경우 개막 첫날 200건 이상의 항의 전화와 500통 이상의 비난 메일이 쇄도했다. '휘발유 통을 가지고 찾아가겠다'는 등의 비열한 협박도 사람들을 공포에 떨게 했다. 가와무라 다카시 나고야시장은 '일본 국민의 마음을 짓밟는 행위'라며 호통을 쳤고, 스가 관방장관은 "보조금 결정과 관련해 사실관계를 확인하고 정밀 조사를 통해 적절히 대응하겠다"며 보조금 지급 중단을 내비쳐 주최 측을 크게 위축시켰다.

사실 이런 사태의 복선은 여러 곳에서 찾아볼 수 있었다. 2018년 3월 사이타마시의 공민관 소식지에 '장마 하늘에 9조를 지키라는 여성의 시위'라는 하이쿠*의 게재가 거부된 사건, 같은 해 11월 교토 난탄시의 육아 관련 강연회에서 가야

마 리카**가 강연을 맡게 되자 협박 전화가 걸려 왔고 그 때
문에 시가 일방적으로 강사를 바꾼 사건, 그리고 기타 유사 사
건들은 모두 행정 담당자의 과민한 자기보호 반응이나 정권
에 대한 배려와 촌탁이 초래한 결과였다. 이는 일본 사회가
이미 위험 수위에 이르렀음을 경고하는 신호가 아니었을까?

아이치 트리엔날레와 신유리 영화제 모두 폐막 전 며칠 동
안만 중지된 전시와 상영을 재개했다. 이는 위기감을 느낀 시
민들의 강력한 지원과 격려에 힘입은 결과였다. 하지만 안도
할 수도 긴장감을 늦출 수도 없는 상황이 지금도 진행 중이다.

영화 〈신문기자〉는 정권의 정체를
만천하에 드러냈는가?

모리토모·가케학원 문제나 헤노코 매립 문제 등에서 정
부의 자세를 엄정하게 추궁해 화제가 된《도쿄신문》기자 모

● 　일본이 전쟁과 무력행사를 할 수 없도록 규정한 헌법 9조의 개헌을
저지하기 위한 여성들의 시위를 주제로 한 정형시의 일종인 하이쿠. 일본
극우 세력과 아베 정권은 이 헌법 조항을 바꾸어 교전이 가능한 나라로 만
드는 것을 지상 과제로 삼아왔다.

●● 　1960년 홋카이도에서 태어난 심리학 교수, 임상심리사, 평론가, 수필
가로 반전, 반핵 등 아베 정권에 반대하는 활동을 전개했다.

〈군함도〉와 〈주전장〉 그리고 〈신문기자〉

치즈키 이소코의 실화를 바탕으로 만든 영화 〈신문기자〉는 2019년 참의원 선거 직전인 6월 말에 개봉했다. 얼핏 한일 문제와는 직접적 관련이 없는 내용처럼 보이는 이 영화에서 화제가 된 것 중 하나가 주연 배우의 발탁이었다. 정부의 부정을 날카롭게 파헤치는 주인공인 신문기자 요시오카 에리카, 즉 실제 인물 모치즈키 이소코를 연기한 사람은 다름 아닌 한국 배우 심은경이었다. 일본인 아버지와 한국인 어머니 사이에서 태어나 미국에서 자랐다는 설정은 일본 정부의 핵심부가 펼친 진실 은폐 공작을 정면으로 폭로하려는 과감한 신문기자로서 최적의 신분이었을 것이다.

주지하다시피 국가 권력에 의한 언론 탄압은 사실 한국 현대사 속에 지금보다 훨씬 첨예한 형태로 존재했다. 수년 전 개봉한 한국 영화 〈1987〉을 보면, 신문사에 정보부 요원이 출입하고 정보부는 매일 '보도지침'을 하달하며 기사까지 직접 관리하는 믿기 어려운 광경이 등장한다. 〈신문기자〉도 일본 내각조사실의 관여와 편집부 데스크의 통제를 그린다. 정도의 차이는 있지만 언론을 관리하지 않고는 참을 수 없는 국가 권력의 본능을 실감할 수 있다.

이 영화에서는 언론 규제 전담 부서가 내각조사실이라는

정보기관으로 설정되었다. 이 기관의 직원인 스기하라는 출산 축하 선물을 받거나 이전 부서로의 전환 배치를 암시받는 등 당근과 채찍의 음습한 압력을 받는다. 아베 정권의 부정이 드러날 때마다 사람들 입에 오르내리던 '정권 촌탁'도 다양한 장면에서 진실을 폭로하려는 이의 행로를 막는다.

이 영화의 주제는 의과대학 신설 문제를 둘러싼 진실 공방으로 매우 현실적이다. 다만 고발의 대상이 내각조사실이라는 인상이 강하고 정권은 그 뒤에 숨은 꼴이 되어 임팩트가 상당히 약해져버린 느낌이다. '벚꽃을 보는 모임'이나 '자위대 조사 파견' 등 다시금 두각을 드러낸 '총리 관저'라는 복마전을 파헤치는 모습을 현실적으로 그렸더라면 더욱 날카로운 문제 제기로 관객을 뒤흔들 수 있지 않았을까 싶다.

주연을 맡은 심은경은 2019년 11월 타마 시네마 포럼 최우수 신인여우상에 이어 2020년 2월 제74회 마이니치 영화 콩쿠르 여우주연상, 3월 제43회 일본 아카데미상 최우수 여우주연상을 수상했다. 적어도 두 나라의 영화 관계자는 일본 정권의 한국 관련 정책이나 조작된 혐한 여론과는 거리를 두었던 모양이다. 한국과 일본이 협동함으로써 생산되는 가치를 충분히 이해하고 있다는 사실이 증명된 듯한 수상이었다.

아베에서 스가로
— 언론이 각색한 정권 교체극

2020년 2월 무렵부터 아베 정권의 실정이 속속 도마 위에 올랐다. 직접적인 계기는 코로나 사태에 효과적인 대책을 내놓지 못해서였다. 그뿐만 아니라 실효성 없는 퍼포먼스에 귀중한 재원이 낭비되는 상황도 겪었다. 평소 참을성 많기로 소문난 일본 국민의 인내력도 이미 한계에 이르렀을 것이다.

국제적으로 웃음거리가 된 '아베노마스크'는 수많은 패러디와 풍자의 소재가 되어 세상을 떠들썩하게 했다. 유머 감각이 무딘 일본인의 표현력도 이때만큼은 아베 정권의 우스꽝스러운 정치 감각에 날카로운 일격을 가하며 대중의 공감을 불러일으켰다. '벚꽃을 보는 모임'과 관련해 "폭넓게 불러모았지만 모집하지는 않았다"고 한 아베 총리 발언의 난센스를 맞받아치는 야유도 한때 국민의 울분을 푸는 데 안성맞춤이었다.

그중에서도 상징적인 사건은 검찰총장의 정년을 연장하는 검찰청법 개정이 불발된 일이다. 2020년 5월 8일 중의원 내 각위원회에서 검찰청법 개정안에 대한 국회 심의가 시작되었지만, 이에 반대하는 야당은 일본유신회만 빼고 심의를 거부했다. 검찰총장은 말 그대로 검찰의 우두머리다. 현직 검찰총장이 정년을 코앞에 두었고, 대신할 신임 총장에 자민당과 가까운 구로카와 히로무라는 인물이 내정되어 있었다. 검찰청법 개정의 이면에는 아베 정권에 위협이 된 모리토모·가케학원 문제나 '벚꽃을 보는 모임' 관련 수사를 얼버무리려는 정부의 속셈이 있었다는 것은 말할 나위도 없다.

당시 정부는 강행 돌파할 예정이었지만, 생각지도 않은 국민의 반발이 일었다. '#검찰청법 개정에 항의합니다'라는 해시태그가 딸린 트윗이 짧은 기간에 폭증해 500만 가까이 리트윗되었다. 여기에는 유명 가수, 배우, 작가를 비롯해 평소 정치적 발언에 소극적이던 사람들의 지지가 있었다. 그 무렵 《아사히신문》 여론조사에서는 아베 정권 지지율이 전월의 41%에서 33%까지 급락한 것으로 나타났다. 검찰청법 개정안에 대한 찬성 15%, 반대 64%라는 결과 또한 정부에는 충격적이었다(《아사히신문》, 2020년 5월 17일. 같은 시기 실시한 NHK 여론조사에서도 내각을 '지지한다'가 37%, '지지하지 않는다'가 45%로 나왔다).

결국 18일에 이르러 이 법안에 대한 국회 심의를 보류하기로 결정했다. 바로 뒤에 이어질 코로나 감염 확산과 관련한 추가 경제 조치의 심의에 영향을 미친다는 이유에서였다. 그런데 며칠 뒤 구로카와가 코로나 감염에 따른 자가격리 중에 신문기자들과 내기 마작을 한 사실이 드러났다. 결국 구로카와는 당시 자신의 직책이던 도쿄고검 검사장직을 사임했다. 이는 누가 봐도 아베 정권에 큰 부담이 될 악재로 보였다.

아베 정권은 2015년 안보법제 강행 처리 이후 선거법 위반에 따른 연이은 장관 사임, 연금 기록 문제, 중동 지역 파견 자위대 관련 의혹, 모리토모·가케학원 문제, 벚꽃을 보는 모임 관련 공문서 위조 및 폐기 문제 등 여러 차례 위기를 맞아왔다. 그런 일이 있을 때마다 정권이 무너져도 이상하지 않을 만큼 중대한 정치적 위기마저 잘 헤쳐왔다. 하지만 임기 1년을 남기고 코로나 사태, 올림픽 개최, 한일 관계를 비롯한 외교적 과제 등 어려운 문제를 극복하고 정권을 유지할 여력이 남아 있지 않았을 것이다. 제201회 통상국회가 끝난 6월 17일 이후 아베 총리가 언론 앞에 서는 모습이 현저하게 줄었다.

아베 총리는 국회가 끝난 이후 지속적인 코로나 감염자 수 확대에도 관저에서 보도진의 질문에 짧게 답변만 할 뿐 기자회견을 열어 국민에게 설명한 일이 없다. "4일 연휴 중 하루 근무, 사흘 휴무였죠. 공무는 배제하고 자택에서 보냈다지만, 후생노동성 직원이 휴일도 반납한 채 대응하고 있는데, 수장으로서 이래도 될까요? 당내에서는 지병인 궤양성 대장염이 재발한 건 아닌지 의심하는 목소리도 흘러나옵니다." (자민당 의원)　　　　_《도쿄스포츠》, 2020년 7월 28일

더욱이 8월에 들어서자 총리의 '건강 악화'라는 인상을 주는 소식이 전해졌다.

아베 총리는 17일 도쿄 게이오대학병원에서 7시간 반가량 머물며 진찰을 받았다. '몸 관리에 만전을 기하기 위해서'라고 설명했다. 요즘 피로가 쌓인 모습을 보이는 등 정계에는 건강 불안설이 퍼졌다. 코로나바이러스 대응 및 향후 정국에 영향을 끼칠 가능성이 있다.

총리는 게이오대학병원에서 정기적으로 건강진단을 받는데, 최근의 진단은 6월 13일이었다. 이번 진단과 관련해 병원 관계자는 '6월 진단의 추가 검사'라고 밝혔지만, 총리 측근은 "병원이 그렇다면 그런 것이다"라며 말을 흐렸다.

_《지지통신》, 2020년 8월 17일

이날을 전후로 언론은 건강 불안설과 관련한 여러 억측 기사를 흘려 아베 총리의 병에 대한 관심을 부추기는 데 힘쓰기 시작했다.

9월에는 자민당 임원 인사와 내각 개편이 예상되는 가운데, 정권의 간부는 '아직까지 완전한 백지상태'라며 아베 총리가 인사를 단행할 수 있을지 의문시하는 목소리도 나오기 시작했다.

_《FNN 프라임》

내가 본 사진은 《아사히신문》에서인데, 눈이 멍한 게 완전히 환자 얼굴이다.

_《프레지던트》

언론의 이런 보도가 이어지는 가운데, 여러 차례에 걸친 야당의 국회 회기 연장 요구를 고집스럽게 거부한 일, 아직 해명되지 않은 다양한 의혹, 코로나 대책의 전망 등은 언론의 관심에서 멀어져갔다.

그러던 중 8월 28일, 일반 시민은 물론이고 언론조차 예상치 못한 사임 회견이 열렸다. 건강 불안설이 떠돌았음에도 사임까지는 예상하지 못한 데에는 최장수 총리 임기 기록을 경신한 다음 날까지도 아베 총리 스스로가 "몸 관리에 만전을 기해 앞으로도 업무에 최선을 다하겠다"고 밝히는 퍼포먼스를 보였기 때문이다(《니혼게이지이신문》, 8월 25일).

그런데 바로 그 순간부터 보도의 초점은 '차기 총리는 누구인가?'로 급속히 전환되었다. 대통령제가 아니라 의원내각제인 일본에서는 총리를 직선제로 선출하지 않는다. 먼저 각 당에서 선거를 통해 선출한 총재(당 대표)가 국회에서 실시하는 총리 지명 선거에 나선다. 그러면 당연히 의석수가 많은 여당총재가 총리가 되는 것이므로 자민당 총재 선거가 곧 총리 선거인 셈이다.

이런 상황에서 8월 30일 자민당의 실질적 운영 책임자인니카이 도시히로 간사장이 발 빠르게 스가 관방장관을 지지하고 나섰다. 그 후 니카이의 공작으로 아소파, 호소다파 등 자민당 내 다수파들이 속속 스가 지지를 결의하며 '새 총리는 스가'라는 흐름을 만들어갔다.

그런데 아베 총리 사임 직후인 8월 29일과 30일 양일간 《교도통신》이 여론조사를 실시했다. '차기 총리로 누가 적합한가?'라는 설문에 이시바 시게루 전 자민당 간사장이 34.3%로 1위를 차지했다. 2위는 스가였지만 지지율이 14.3%로 1위와의 격차가 컸다. 총재 선거가 '일반 선거', 즉 일반 당원이나 일정 회비만 내는 당우黨友 등을 포함하는 형태로 진행되었더라면 여론조사 결과가 어느 정도 반영되었을 터이다. 하지만 니카이의 판단으로 국회의원과 각 광역자치단체 지부 연합회 대표만 투표에 참여하는 '약식 선거'가 채택되었기 때문에 국회의원의 의향이 결정적 역할을 했다. 9월 8일과 9일 다시 실시된 여론조사에서는 지지 후보 순위가 바뀌어 스가 50.2%, 이시바 30.9%가 되었다.

실은 스가와 니카이가 6월과 7월에 이어 8월 20일에도 회식을 하며 두 시간 반이나 밀담을 나누었다.

_《요미우리신문》, 8월 21일

이 시기 다양한 뒷공작과 교섭은 언론의 좋은 기삿거리가 되었고, 전국시대의 패권 쟁탈전처럼 흥미진진한 이야기에 매료되도록 국민의 관심을 이끌었다.

정부 내 권력자들은 2020년 2월 무렵부터 심각한 퇴화를 부르고 수없이 추태를 드러낸 아베 정권이 더 이상 자민당의 정치 권력을 안정적으로 유지해줄 사령탑이 될 수 없음을 알았다. 그리하여 자민당 정권에 타격 없이 이번 위기를 피해갈 방법으로 정권 교체라는 속 보이는 연극을 연출한 것이다. 언론은 이 연극의 각색을 맡고 나서는 데 주저하지 않았다.

총리 자리를 놓고 벌인 쟁탈전이 일단락되자 아베를 잇는 새로운 권력자 스가 요시히데를 '흙수저', '고생 끝에 자수성가' 식으로 표현했다. 아베와는 다른 정치 수완에 기대를 품게 하면서도 '술은 못 마시고 팬케이크를 좋아한다'는 등 부드러운 이미지를 부각하기도 했다. 《아사히신문》 계열 주간잡지 《AERA》는 '줏대 있는 정치가'라며 스가 총리에 대한 일방적인 칭찬 기사를 게재했는데, 마치 공범자로서의 언론의 민낯을 보는 듯하다.

아키타현의 시골 딸기 농가 출신으로, 고등학교 졸업 후

상경하여 주경야독으로 호세이대학 야간학부를 졸업했다. 취직한 회사에서 '세상을 움직이는 것은 정치'임을 깨닫고 대학 학생과에서 소개해준 정치인 사무소로 이직했다. '스가가 없으면 사무소가 돌아가지 않을 정도'로 열심히 일해 여러 곳에서 스카우트 제안을 받다가 젊은 정치인 오코노기 히코자부로 중의원 의원의 비서가 되었다. '스가가 없으면 사무소가 돌아가지 않을 정도'로 열심히 일해서 신뢰를 얻는 것이 그의 일관된 자세다. … 1996년 처음 당선되었고, 이듬해 구 국철 채무처리 법안 표결 시 기권했다. JR에 새로운 부담을 지우는 것이었는데, '이치에 맞지 않는다'는 이유에서였다. 일관성 있는 당인파로, 자민당, 아니 일본 정치인 중에서 지금은 멸종위기종이라고 할 수 있을지도 모르겠다.
_《AERA》, 2020년 9월 7일 발행호

한국에 대한 스가의 태도는 아베의 노선과 축을 같이한다. 그는 정례 기자회견과 같이 언론에 정부 입장을 설명할 기회가 있을 때마다 강경한 태도를 숨기지 않아왔다. 최근 한국 강원도의 사립 식물원에 전시된 평화의 소녀상 앞에 아베 총리로 추정되는 인물이 엎드려 사죄하는 모습의 조형물이 화

제가 되자 '국제 관례상 있을 수 없는 일'이라며 거칠게 비난했
다. 주저 없이 험한 감정을 확산시키는 반지성적인 자질을 적
나라하게 드러낸 셈이다. 이 일과 관련해《산케이신문》의 반
한 여론 주도자조차 다음과 같이 쓴소리를 했다.

> 잘못된 대응의 표본! 차기 총리 유력 후보인 스가 관방장
> 관이 기자회견에서 '엎드려 사죄하는 조형물' 문제와 관련
> 해 "국제 관례상 있을 수 없는 일", "한일 관계에 결정적인
> 영향을 준다"며 강한 어소로 비판하고 말았다. 갑작스러운
> 질문에 순간적으로 말하기 편한 표현을 골랐다는 점은 이
> 해하지만, 솔직히 말해 그렇게까지 정색하고 맞설 필요는
> 없었다.　　　　_구로다 가쓰히로,《분슌 온라인》, 2020년 9월 6일

스가는 2006년 제1차 아베 정권을 탄생시키는 데 큰 역할
을 한 공을 인정받아 총무대신으로 내각에 발을 들였다. 이후
2012년 제2차 아베 정권에서 내각관방장관이 되어 아베 정
권을 지탱해왔다. 그가 공을 들인 일은 내각인사국(2014년 창
설)을 통한 간부 관료의 통제와 정보 장악이었다고 한다. 특히
NHK의 보도 통제에 관심이 많아 총무대신이던 2007년 당시

NHK 회장에게 수신료 납부 의무화를 제안했다고 한다. 경영위원을 총리가 임명하는 현 제도에 더해 수신료 납부 의무화는 곧 NHK의 국유화를 의미하는 셈이다.

2014년 아베 총리와 가까운 인물인 모미이 가쓰토가 NHK 회장 취임 기자회견 중 "종군위안부는 어느 나라에든 있었다"라고 망언했을 때 스가 관방장관이 그를 두둔한 일은 잘 알려진 사실이다. 같은 해 NHK 프로그램에 출연한 뒤 총리 관저를 통해 내용 변경을 강요한 일도 구설에 올랐다. 관방장관 기자회견에서 집요하게 부정을 캐묻는 《도쿄신문》 기자에게 "당신에게 대답할 필요는 없습니다"라며 정부에 해가 되는 언론은 콕 집어 배제하는 태도를 분명히 한 일도 기억이 생생하다.

관료와 언론을 마음대로 주무르는 것을 권력의 묘미라고 생각하는 사람에게 일본의 미래와 한일 관계의 미래가 맡겨졌다. 하지만 임기 만료든 해산 총선거든 정권 선택의 기회가 늦어도 1년 이내에는 다시 찾아올 것이 확실하다. 그때, 잊히기에는 너무 가까운 과거의 일들을 어떻게 종합적으로 판단할 것인가? 그 책임은 우리 모두가 똑같이 나누어 가져야 한다.

아직도 계속되는 한일 갈등은 우리에게 좋든 싫든 역사에 대한 재인식을 요구한다. 꼭 어려운 역사책을 읽고 탐구하라는 뜻이 아니다. 그저 이웃 나라 사람들이 분노 섞인 말을 했을 때, 광장에 모여 주먹을 들어 올렸을 때, 그런 일이 왜 일어났는지 살펴보고 그 목소리에 마음을 열고 귀를 기울이는 일부터 시작해야 한다는 뜻이다.

과거 '위안부'였던 분들은 왜 일본 정부의 '사죄'를 받아들이지 않는 걸까? 딴지를 걸기 전에 오랜 세월 닳고 닳은 심신 탓에 잘 들리지도 않는 그들의 꺼져가는 목소리를 들으려고 노력하는 자세가 필요하다. 그들의 희미한 목소리보다 훨씬 크고 강력한 스피커로, 게다가 볼륨을 끝까지 올려 방해하는 혐한론자의 악의에 찬 잡음을 물리치는 것도 우리의 의무다. 그리고 언론은 그들의 희미한 목소리를 주의 깊게 듣고 그 진의를 파악해 우리에게 전달하는 역할을 다해야 한다.

'80년도 더 된 일을 기억하냐고?'라며 되물어서는 안 될 일이다. 오히려 100년 전에 일어난 3·1 운동의 함성도 시간과 공간을 뛰어넘어 지금 더 크게 울려 퍼지고 있다. 우리가 그 함성을 들어야 하는 것은 그것이 '그들만의 역사'가 아니라 일본인의 역사이기도 하기 때문이다. 한반도와 일본 열도 사이에서, 더 나아가 중국과 동남아시아를 비롯한 광대한 지역에서 얽히고설켜온 근현대사는 우리를 포함해 이 지역에 사는 모든 사람이 공유하는 역사가 아니던가? 사과하는 쪽과 사과받는 쪽으로 나누는 것은 단순한 이분법에 지나지 않는다. 또 잘못된 과거를 인정하고 반성하는 태도를 '자학사관'이라며 비웃는 것은 현대를 살아가는 우리와 역사의 관계를 굉장히 편협하고 단편적인 것으로 왜곡하는 처사다.

역사를 바라보는 일본인의 태도와 언론의 영향을 생각해보게 하는 또 하나의 사례가 코로나바이러스 감염과 관련해 최근 표면화되었다. 바로 '조선유치원 마스크 배포 제외' 사건이다.

사이타마시는 유치원과 방과 후 교실 등 1000여 곳에 약 9만 3000장의 예비용 방역 마스크를 배포하기로 계획하고,

2020년 3월 9일부터 각 시설에 전달하기 시작했다. 그런데 사이타마시 오미야구에 있는 사이타마 조선초중등학교·유치원(통칭 조선유치원)이 배포 대상에서 제외된 사실이 밝혀졌다. 제외 조치에 항의한 학부모에게 사이타마시 어린이미래국 직원은 "시가 지도 감독하는 시설이 대상이어서 조선유치원은 포함되지 않는다"라고 설명했다. 또 "마스크가 부적절하게 사용될 경우 지도가 불가능하다"라는 말까지 덧붙였다. 여기서 '마스크의 부적절한 사용'이란 재판매를 두고 한 말로, 마스크 부족을 이용해 이익을 취하려는 반사회적 행위를 우려한 조치라는 설명이다. 문제는 이 발언에서 '조선인이라면 그런 행위를 할 수도 있다'는 편견이 엿보인다는 점이다. 게다가 이 발언은 순식간에 SNS를 통해 혐오 발언으로 둔갑해 빠르게 퍼졌다. 주민의 안전을 지켜야 하는 지방자치단체의 당연한 의무가 차별과 편견에 짓밟힌 중대한 잘못이었다.

학교법인 사이타마 조선학원의 홈페이지를 보면, 사이타마시 조선학교는 1946년 제1, 제2 초등학교가 설립된 이후 사이타마에서 민족 교육의 뿌리를 내렸다. 1972년에는 유치원이 개설되어 그때부터 꼽아도 반세기 가까이 다문화 공생을 구현하는 지역사회의 일원으로 융화해왔으리라. 국적은 달라도 세금 납부 등 주민의 의무를 다한 사람들을 '시의 지도가 불가능하다'라는 이유로 시 정책에서 배제해서야 되겠는가? 더욱이 건강과 생명이 위협받는 비상사태에 선 긋기를 하고 도움의 손길을 거두는 처사는 인도주의에도 반하는 행위로, 결코한 번의 사과로 해결될 사안이 아니다.

이 일에 대해 아이치 트리엔날레의 예술감독이었던 쓰다 다이스케는 3월 12일 트위터에 다음과 같이 전했다.

사이타마시의 일은 오랜 기간 우리나라의 총리, 정부가 이웃 나라 때리기를 지지해 어느 정도 성공한 사례가 지방 행정에까지 그 영향력을 미친 간단명료한 이야기다. 물은 낮은 곳으로 흐르고, 그로써 짓밟히는 사람들은 보이지 않게 되는 것뿐이지만 말이다.

1923년 관동대지진 당시 '조선인이 우물에 독을 넣었다'는 선동 때문에 일본의 평범한 사람들조차 조선인 학살에 가담했다. 실로 믿을 수 없는 일이지만, 2016년 구마모토 지진 당시에도 '조선인이 독을 뿌렸다'는 소문이 나돌았다고 한다. 조선인에 대한 이런 뿌리 깊은 편견과 차별이 지방자치 행정을 담당하면서 직접 주민과 소통하는 사람들의 무심한 언행에도 영향을 준 것은 아닐까? 역사로부터 배우기를 포기하면, 무지에 들러붙는 악질 선동에 휘둘려 또다시 비인간적인 행동으로 치닫는 우를 범하게 될지도 모른다. 압도적인 자연재해의 공포 속에서 남에 대한 공격으로 자신의 불안을 해소하려는 편법에 매달린다면 우리에게 미래는 없다.

다행스럽게도 이번 일과 관련해서는 사이타마시를 비판하는 여론이 우세했다. 《산케이신문》 보도도 힘을 뺀 내용으로, "여분이 있다면 배포 방식이 달랐을지도 모른다. 오해를 사면 곤란하지만, 국립유치원 등에도 배포하지 않았다. 조선학교이기 때문에 배제한 것은 아니다"라는 시장의 변명을 강조한 것이 두드러진 정도였다. 3월 13일 사이타마시는 태도를 바꿔 조선유치원에도 마스크를 배포하기로 했다. 아마도 앞선 언론 보도가 시의 태도 변화에 어느 정도 영향을 주었을 것이다. 이는 분명 희망적인 요소다. 하지만 이것으로 문제가 모두 해결된 것은 아니다.

이 사건은 일본인의 마음에 뿌리 깊게 박힌 차별의식이 발현된 것이다. 이 사실이 이번 사건의 본질일진대 시장의 변명으로 무마해버리려는 듯해 우려가 된다. 더욱이 민족학교에

맺음말

대한 무상 교육 혜택이 아직도 전국의 조선학교에 미치지 못해 민족 교육에 대한 편견이 재생산되고 있는 현실도 무시할 수 없다. 언론은 표면적인 보도만 할 게 아니라 민족 교육이 일본 사회에서 보장받아야 하는 의미를 끈질기게 되새겨볼 필요가 있다.

이 책에서 다룬 2년이란 기간은 길다면 길고 짧다면 짧다. 하나의 이미지를 각인시키기 위한 정보 공격이라는 측면에서 볼 때, 이 기간 집요하게 이어진 혐한 캠페인은 충분하고도 남을 만큼 효과적이었다. 하지만 식민지 시대부터 지금까지 한국과 북한에 대한 부정적 이미지를 각인시키는 전략이 끈질기게 정치에 이용되어온 역사를 돌이켜보면 실로 짧은 기간에 일어난 현상이었다고도 할 수 있다.

연속과 집중을 특징으로 하는 조직화된 일본 사회의 배외주의라는 병리는 때때로 여성, 성소수자, 비일본인, 오키나와 사람들도 겨냥해 불길한 독소를 내뿜는다. 그리고 그 독소는 언젠가 스스로를 파멸시키는 위험한 병의 원인이 되어 일본 사회에 침투하려 들 것이다. 하지만 인간의 몸에 자연치유력이 있듯 병인을 제거하는 힘 역시 다름 아닌 일본 사회 안에 있다. 언론이 본연의 역할을 회복해 과감하게 메스를 들고 이

병의 근원을 도려낸다면 시민사회 또한 그 노력을 힘차게 응원할 것이다.

세계로 눈을 돌려보면 지금 일본의 상황이 특수한 것만은 아님을 알 수 있다. 9·11 테러 이후 이슬람교도를 향한 증오와 불신의 칼날이 테러의 연쇄가 되어 되돌아왔다. 그리고 코로나바이러스 감염 피해 확산이 또다시 아시아인에 대한 편견을 조장하고 있다. 이는 새로운 백신의 개발로는 근절되지 않는, 인간만이 가진 악질적인 질병인지도 모른다.

그렇지만 이 세계에는 그런 아픔을 치유할 힘이 있는 언론이 존재하고, 우리가 그러한 언론의 충고를 받아들인다면 결코 절망할 일은 없을 것이다. 언론은 경계를 넘어 공감하는 사람들을 연결하는 또 하나의 역할을 해낼 수 있을 것이므로!

언론의 사명은 무엇인가?

이 책을 통틀어 저자가 끈질기게 던지는 질문이다. 저자는 철저한 저널리스트인가? 아니다. 저자는 저널리스트로서의 경력이 없다. 그렇다면 저자는 왜 언론의 진정한 자세를 요구하는가? 질문을 바꿔보자.

저자는 한국을 편드는가?

대답은 역시 '아니다'이다. 이 책 어디에도 한국이 잘했다는 내용은 없다. 그런데 묘하게도 한국인 입장에서 이 책을 읽노라면 저자에게 호감을 느끼게 된다. 하지만 이는 잘못된 이해다.

저자의 시선은 언론이 본연의 사명을 다하지 못했을 때 닥치게 될 부정적인 미래를 향해 있다. 개인이든 작은 조직이든 국가처럼 거대한 공동체이든 자신의 이익을 추구한다. 하지만 도덕성이 결여된 이익 추구는 상대방은 물론 스스로에게도 그릇된 결과를 초래할 수 있다. 역사에서 그 예를 수없이 찾아볼 수 있다. 우리가 여론의 힘으로 그릇된 과거 정권을 물린 것 또한 그 적확한 예다. 이처럼 한 나라를 운영하는 권력마저 바꾸는 여론은 어떻게 만들어지는가?

언론은 여론 형성에 지대한 영향력을 발휘한다. 하지만 언론이 제 역할에 충실하지 못하면 여론은 그릇된 이익 추구에 맹목적 지지를 보낼 가능성이 크다. 저자는 지금의 언론이 본연의 역할을 제대로 수행하지 못할뿐더러 오히려 그릇된 방향으로 여론을 조장한다고 폭로한다.

일본 정부는 자국의 이익을 추구한다. 일본 정부를 이끄는 아베 전 총리나 스가 총리는 그러한 일본 정부의 입장에 더해 정권 유지라는 짐까지 짊어졌다. 두 마리 토끼를 잡기 위한 그들의 언행은 이익 추구라는 목표에 집중될 수밖에 없다.

저자는 아베 총리가 일본 최장기 총리라는 기록을 갈아치운 오랜 시간 동안 그리고 지금까지도 일본 정부가 그릇된 방식으로 이익을 추구하고 있다고 본다. 하지만 이런 행위는 결국 일본 스스로에게도 안 좋은 결과를 초래한다고 단언한다. 최악의 경우 '그 길의 끝에는 전시체제가 기다리고 있을 것'이

옮긴이의 말

라고까지 한다. 저자는 그만큼 절실하다. 하지만 이를 바로잡아야 할 언론은 정부의 앞잡이 노릇에 여념이 없다. 그 결과 한일 관계는 '한일협정 이후 최악'이라는 평가다.

언론은 정부 정책에 무조건 비판적이어야 한다고 주장하는 것이 아니다. 저자는 언론이 진정으로 갖춰야 할 기본자세만 유지해달라고 호소한다. 그래야 잘못된 것은 잘못됐다고 지적할 수 있고, 옳은 것은 옳다고 지지할 수 있다. 이를 통해 올바른 여론이 형성되고, 그러한 여론은 사회를 올바른 방향으로 이끄는 힘이 된다.

한편 저자는 사회를 구성하는 개개인에게도 올바르게 판단하려는 자세를 요구한다. 그러한 자세를 견지하지 않으면 잘못된 언론에 휘둘리고 원치 않는 결과에 직면하게 될 수 있기 때문이다.

지금의 한일 관계를 바라보면, 무력 동원만 없을 뿐이지 진흙탕 싸움이라는 말이 떠오를 만큼 심각하다. 한일 두 나라는 지난 1년간 얼마나 많은 정신적 고통과 경제적 손실을 입었는가!

저자가 이 책을 일본에서 출간한 것은 일본 정부, 언론, 국민 개개인에게 경각심을 주기 위해서였겠지만, 우리 또한 저자의 충고를 흘려들어서는 안 된다. 더욱 냉철한 사고로 합리적인 대응을 찾는 데 힘써야 할 때다. 아울러 저자의 바람처럼 일본에도 현 상황을 직시하고 양국 관계 개선에 힘쓰는 사람들이 있다는 사실도 잊지 말아야 하겠다.

서승철

아베에서 스가까지
조작되는 혐한 여론

초판 1쇄 인쇄 | 2020년 11월 23일
초판 1쇄 발행 | 2020년 12월 1일

지은이 무라야마 도시오
옮긴이 서승철
책임편집 조성우
편집 손성실
디자인 권월화
용지 월드페이퍼
제작 성광인쇄㈜
펴낸곳 생각비행
등록일 2010년 3월 29일 | 등록번호 제2010-000092호
주소 서울시 마포구 월드컵북로 132, 402호
전화 02) 3141-0485
팩스 02) 3141-0486
이메일 ideas0419@hanmail.net
블로그 www.ideas0419.com